그들은 왜 오렌지색 옷을 입힐까

그들은 왜 오렌지색
옷을 입힐까

이케우치 사토시 지음 | 김정환 옮김

IS〈이슬람국가〉에 대해
당신이 아직 모르는 것들

21세기북스

차 례

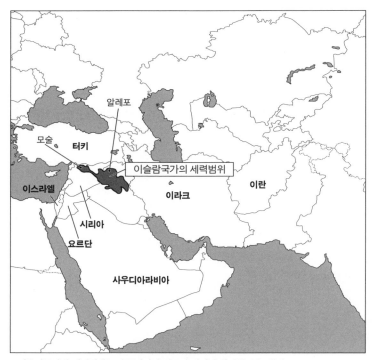

＊이슬람국가의 세력범위는 유동적이기 때문에 엄밀히 확정할 수는 없다.

1
충격, 이슬람국가

모술 함락

2014년 6월, 이슬람국가는 이라크에서 광범위한 지역을 점령하며 전 세계를 충격에 빠뜨렸다. 당시 자신들을 '이라크·샴 이슬람국가ISIS'라고 불렀던 이 집단은 6월 10일에 이라크의 제2도시인 모술을 점령했으며, 그 후 불과 며칠 사이에 티크리트와 바이지 등 북부의 주요 도시를 점령하고 바그다드 근교까지 남하했다.

이에 따라 2011년의 '아랍의 봄' 이후 국제사회의 관심에서 멀어졌던 이라크 문제가 또다시 주목받기 시작했다. 이슬람국가는 이라크 북부와 서부를 점령했을 뿐만 아니라 서쪽에 국경을 맞대고 있는 시리아의 북동부·북부로도 세력범위

를 확장하고 있었다. 시리아 북부의 도시 라카를 점령해 '샴
(대大 시리아) 주'의 주도州都로 정하고 시리아 북동부에서 영
역 확대를 진행했다. 시리아 북부의 주요 도시인 알레포 북부
의 반체제 세력이 지배하는 지역에도 진출해 다른 반체제 세
력과 격렬한 전투를 벌였다.

   2011년 초부터 시작된 '아랍의 봄'에 각국의 통치체제가
흔들리면서 그 재건이 주요 과제로 떠올랐던 중동 정치는 새
로운 전환점을 맞이했다. 2001년 9·11 테러 사건이 일어난
이래 다시 한 번 '테러 조직'의 문제가 중동 정치의 주요 과제
로 떠오른 것이다.

   그러나 이번에는 단순한 반체제 테러 조직에 머물지 않고
광범위한 영역을 지배하는 정치적 주체가 된 이슬람 과격파
집단과 그 이념에 어떻게 대처할 것인가라는 좀 더 어려운 문
제가 되어 있었다.

   2011년 말 이라크 주둔군의 전면 철수를 마쳤던 미국은 다
시 이라크에 개입할 수밖에 없게 되었다. 미국은 이라크 정부
와 이라크 북부에 위치한 쿠르드 지역 정부의 요청을 받아들
여 2014년 8월에 공습을 개시했고, 9월에는 공습 범위를 시
리아까지 확대했다.

칼리프제를 선언하다

충격은 지배 영역의 확대에서 멈추지 않았다. 이들은 6월 29일
에 명칭을 '이라크·샴 이슬람국가'에서 '이슬람국가'로 바꾸
고 지도자인 아부 바크르 알바그다디Abu Bakr al-Baghdadi가 칼
리프에 취임했다고 선언했다. 이슬람법의 이념을 생각하면
지도자가 칼리프를 자칭한 것은 자신이 이라크와 시리아에
서 실제로 점령한 영역뿐만 아니라 전 세계 이슬람교도(무슬
림)의 정치적 지도자임을 주장한 셈이 된다.

바그다디는 2010년에 이슬람국가의 전신前身 조직인 이라
크·이슬람국가의 아미르(사령관)에 취임할 때부터 자신이 예
언자 무함마드와 같은 '쿠라이시 부족'에 속한다고 주장해왔
다. 이슬람법상 쿠라이시 부족에 속하는 것은 중요한 칼리프
의 요건이다. 즉 이슬람국가의 지도층은 바그다디가 언젠가
'칼리프'를 자칭할 것임을 예전부터 염두에 두고 있었던 것으
로 보인다.

전 세계의 무슬림이 바그다디 혹은 이슬람국가의 지도자를
자신들의 칼리프로 인정한 것은 아니다. 그러나 "칼리프제制가
부활했으며 내가 칼리프다"라고 주장하고 그 주장을 주위로부
터 인정받는 인물이 출현했다는 사실, 그리고 이라크와 시리아

의 지방·변두리 지역에 한정되었다고는 하지만 일정한 지배 영역을 확보했다는 사실은 충격적이었다. 또한 어떤 나라의 영역 내에서 분리주의 운동을 일으켜 영역을 지배할 뿐만 아니라 그 운동을 두 나라로 확대해 기존의 국경을 유명무실하게 만들고 자유로운 왕래를 가능케 한 점도 강렬한 인상을 심어주었다. 기존의 근대국가에 도전해 일정 수준의 실효를 거둔 것으로 보였기 때문이다.

이슬람법에서 칼리프는 세계 이슬람교도(무슬림)의 공동체인 움마의 정통 지도자로 규정된다. 그러나 그 자리는 오랫동안 공석이었다.

20세기 초까지 존재했던 오스만 제국의 술탄은 자신이 칼리프에도 취임했다고 주장했지만, 예언자 무함마드의 혈통을 이어받지 않은 터키인 술탄이 전 세계의 칼리프라는 주장은 이슬람법상 신빙성이 떨어진다. 실제로 오스만 제국이 전 세계의 이슬람교도를 지배하에 둔 것도 아니었다. 전 세계 이슬람교도의 지도자임을 주장하는 칼리프가 존재한 시기는 아바스 왕조(750~1257년)까지일 것이다. 그러나 이마저도 아바스 왕조의 칼리프에 대항해 스페인에 있던 후우마이야 왕조(756~1031년)의 정권이 칼리프를 주장했고, 시아파 계열인 파티마 왕조(909~1171년)의 칼리프가 이집트를 지배하는 등 이슬람교도의 공동체에는 복수의 정체政體가 난립해 있었다. 또한 아바스 왕조의 칼리프가 명목상의 지배를 주장하는 영역 내에조차 '아미르'라고 부르는 군사령관이 실권을 쥐고 실질적인 통치자로 지배하는 지역이 있었다. 유명한 아미르는 '대大아미르'나 '술탄(권력자)'이라는 칭호를 받고 칼리프 이상의 권력을 휘둘렀다.

이렇게 생각하면 이념에 부합하는 명실상부한 칼리프가 있던 시기는 제4대의 정통 칼리프 시대(632~661년)뿐이라고 해야 할지도 모르겠다. 그러나 그 시대에도 내란이 끊이지 않아서, 제4대 칼리프인 알리 이븐 아비 탈리브Ali ibn Abi Talib(598~661년)의 혈통만 정통 지도자(이맘)로 인정하는 시아파가 분파했다.

이와 같이 역사를 살펴보면 칼리프가 전 세계의 이슬람교도를 지도한다는 이념은 이미 현실성을 잃은 지 오래다. 그렇다면 오늘날 칼리프를 선언하는 것은 시대착오Anachronism적인 행동일까? 분명히 그럴 것이다. 전 세계의 이슬람교도나 정부가 바그다디에게 복종하고 이슬람국가에 가입하는 사태는 일어날 것 같지 않다.

이슬람법에는 칼리프라는 존재의 필요성이 명확히 규정되어 있다.『쿠란』(이슬람교의 경전. '코란'은 영어식 표기이고 아랍어로는 '쿠란'이라고 한다 - 옮긴이)과 하디스(예언자의 언행록)에 의거해 역대 법학자들이 논쟁 끝에 합의에 이른 견해를 의심하는 것은 종교상 허용되지 않는다. 요컨대 이슬람 세계가 통일되고 칼리프가 통치한다는 이념에 이슬람교도가 이론異論을 제기하기는 어렵다. 이슬람교의 범위 안에는 칼리프제의 부활을 노력 목표로 내세우는 데에 정면으로 반론할 근거가 없다. 세계의 이슬람교도들이 이슬람국가의 통치에 복종할 생각이 있느냐, 바그다디가 자신들을 지도할 칼리프로 손색이 없는 인물이라고 인정하느냐는 문제와는 별개로 '칼리프제의 부활'은 일반론 혹은 '보편적인 진리'상 정통적인 대의로 인정받고 있다. 실제로 이를 시도해 나름의 성과를 올렸다고 주장한다면 일정한 지지자를 모을 가능성이 있는 것이다. 세계 각국의 사회에서 현상現狀을 초월하기를 꿈꾸는 젊은이를 모으기에는 충분하다고도 할 수 있다.

칼리프의 설교단

이슬람국가는 미디어상의 선전 효과를 높이는 극적인 연출에도 탁월하다. 칼리프제 선언의 충격이 채 가시지 않은 7월

1일, 바그다디는 육성 성명을 통해 전 세계 이슬람교도에게 이슬람국가로 이주하라고 호소했다.

7월 4일에는 잠정적인 수도로 삼은 이라크 북부 도시 모술의 대大모스크에서 열린 금요 예배에 모습을 드러냈다. 칼리프로서는 '이브라힘(아브라함)'이라는 호칭을 사용하는 바그다디가 무함마드의 자손이 두르는 것으로 알려진 검은색 터번을 두르고 설교단說教壇에 올라 연설을 하는 영상은 인터넷을 통해 전 세계에 방송되었다.

이슬람교의 히즈라력曆에 따르면 이라크·샴 이슬람국가가 칼리프제의 부활과 이슬람국가를 선언한 6월 29일은 라마단월의 첫날이었다. 전 세계의 이슬람교도가 단식을 하는 라마단월은 특히 종교 감정이 고조되는 달이다. 또한 텔레비전의 시청률이 높아지는 달이기도 하다. 라마단월 동안에는 낮에 단식을 하며 해가 떨어진 뒤 성대한 잔치가 벌어진다. 그리고 아랍 세계의 각 텔레비전 방송국이 경쟁하듯 연속극을 방송한다. 각 방송국은 이 한 달 동안 방송할 라마단 드라마를 위해 1년을 준비한다고 해도 과언이 아니다. 라마단월의 첫날인 29일은 각 방송국이 선보이는 연속극의 첫 회가 시작되는 날이었다. 이슬람국가는 텔레비전 방송국들이 시청률 경쟁을 하는 라마단월에 '실사판 칼리프제의 부활'이라는 대하드

라마를 투입해 최고 시청률의 자리를 차지한 셈이다.

이들의 교묘한 미디어 캠페인은 여기에서 그치지 않았다.

7월 4일은 라마단월이 시작되고 첫 금요 예배가 있는 날이었다. 각국의 주요 모스크에서 열리는 라마단 첫 금요 예배의 설교는 큰 주목을 받는데, 이슬람국가는 이에 맞춰 바그다디를 모스크의 설교단에 오르게 했다. 바그다디가 공식 석상에 처음 등장하는 순간이었다.

게다가 예언자의 혈통을 상징하는 검은색 터번을 두르게 하는 등 '의상'에도 세심한 주의를 기울였다. '검은 터번'은 이슬람 역사의 상징 양식Iconology 중에서도 중요한 의미를 지닌다. 저명한 하디스에 따르면 무함마드가 630년에 메카를 정복했을 때 검은 터번을 두르고 있었다고 한다. 즉 모술의 충격적인 점령이 예언자의 메카 정복에 필적하는 세계사적 사건이라는 인상을 심으려는 연출로 생각된다. 또한 '칼리프 이브라힘'을 자처한 것은 '아브라함 일신교'의 원점으로 회귀하는 '세상 바로잡기'의 이미지를 심기 위함이리라. 아랍 세계 이슬람교도들의 감정선을 자극하는 교묘한 상징을 연속으로 배치해놓은 것이다.

통치 구조의 실효성이라든가 실제로 저지르고 있는 잔혹행위의 정당성 문제를 잠시 제쳐놓고 생각하면 적어도 이슬람국가가 짜놓은 '드라마의 각본'은 완성도가 높다. 라마단 월의 연속극에 빠져들어 잠시나마 현실을 잊으려는 아랍 세계의 민중에게 온갖 상징을 담은 현재진행형의, 그리고 (시청자가 원한다면) 쌍방향성을 부여한 '실사판 칼리프제'라는 대하드라마를 제공한 이슬람국가는 인터넷 공간에 몰두해 실제와 가상의 경계가 모호해진 현대인의 상상력과 감정에 호소함으로써 국민국가의 경계를 초월하려고 꿈꾸는 반反근대·반反서양 감정을 자극했다.

바그다디가 칼리프에 취임했다는 주장이 현실성이 있느냐는 문제보다 적절한 타이밍에 이런 영상을 인터넷상에 내보냄으로써 이슬람 세계의 이목을 집중시키고 칼리프제와 이슬람 국가의 이상에 대한 주위를 환기했다는 사실 자체가 이슬람국가의 힘의 원천인 것이다. 그 결과 일부의 지지와 공감을 모으고 용병단의 유입을 촉진했으며 주위의 대항 세력을 위협하는 효과를 낳았다면, 이는 탁월한 국제적 선전 전략 정도가 아니라 현재 이라크와 시리아에서 벌이고 있는 전투나 정치투쟁에도 효과적인 수법이다.

바그다디는 연설을 할 때나 『쿠란』을 낭송할 때도 확신에 차 있다. 이슬람학에 대한 깊은 학식이 엿보인다. 영상만 봐서는 경건한 신자들에게 존경받기 쉬운 유형이라고 할 수 있다.

현재 각국의 정부나 정권과 가까운 관계에 있는 수많은 저명·유력 울라마(이슬람의 학자)는 하나같이 바그다디의 칼리프 취임을 인정하지 않고 있다. 이것은 이슬람국가가 기존의 아랍 국가·이슬람 국가의 영역과 정치체제를 전면 부정하고 있음이 자명한 이상 당연한 반응이다. 일반 이슬람교도 역시 지금 상황에서 이슬람국가의 가혹한 통치를 환영하는 사람이 다수를 차지하고 있다고는 생각하기 어렵다.

그러나 각국 정권의 통치가 정의롭지 못하다고 보는 시각이 있는 한, 또 그 정권들의 입맛에 맞춰 종교 해석을 바꾸는 울라마의 신뢰성에 의문을 갖는 시민이 있는 한 다수파는 아니더라도 사회 속의 일부 사람들이 이슬람국가에 공감하고 지지를 보낼 가능성은 충분히 있다. 따라서 이 운동이 제압되더라도 각지에서 비슷한 운동이 일어날 것으로 예상된다.

'영역 지배'라는 새로운 체제

2014년 6월의 전격적인 모술 점령을 통해 이슬람국가는 글로벌 지하드(성전) 운동을 주도하는 세력으로 떠올랐다. 이슬람국가는 조직 변천의 과정에서 알카에다에 합류했지만, 알카에다 중추 조직의 통제에서 벗어나 새로운 상징과 행동양식을 확립하고 알카에다와 경쟁하는 세력이 되어갔다.

오사마 빈 라덴Osama Bin Laden(1957~2011년)이 지도하는 알카에다는 2001년에 9·11 테러 사건을 일으켜 '테러를 통해 초강대국 미국의 중심부에 타격을 줌'으로써 전 세계 무슬림의 상상력을 자극했다. 한편 이슬람국가는 이라크와 시리아에 실효 지배 영역을 확보하고 칼리프제를 선언해 근대 국민국가의 영역과 이념을 초월했다고 주장함으로써 중동 정치의 현실뿐만 아니라 전 세계 이슬람교도의 심리에 새로운 충격을 줘 글로벌 지하드 운동의 주도권을 장악했다.

알카에다를 이어받았다고는 해도 이라크와 시리아에서 세력을 확대한 이후의 이슬람국가를 '국제 테러 조직'으로만 규정하는 것은 적확하지 않다. '국제 테러 조직'으로 규정되는 알카에다는 어디까지나 소규모 지하·비밀 조직으로 존재하며 단발적인 테러와 게릴라 공격을 가했다. 물리적인 영향력보다 심리적인 압박과 호소에 초점을 맞춘 공격을 세계 각국에서 산발적으로 자행했지만, 특정 국가의 광범위한 지역을 지배하는 세력이 된 적은 없었다.

이에 비해 이슬람국가는 이라크와 시리아의 특정 지역에서 광범위한 영역을 지배하려 하고 있으며, 이라크와 시리아의 정치적 문맥 속에서 정치 세력으로서의 지위를 확보하려 하고 있다. 실효 지배를 하는 통치자나 그 지배에 복종하는 사회에 테러를 가해 질서를 어지럽히는 '테러 조직'이라는 존재를 넘어서 직접 영역을 실효 지배하고 사회를 통치하며 자신들의 이념에 따라 질서를 만들어내는 존재로 변화하려 하고 있는 것이다. 물론 그 이념과 통치 수법이 타당한 것으로 인정받고 통치하에 있는 사회와 사람들의 지지를 얻을 수 있으리라는 보장은 없다. 그러나 여기에서는 이슬람국가가 영역 지배의 의도를 명확히 드러내고 있다는 사실, 내전이나 분쟁으로 혼란에 빠진 상황이고 강제력과 공포를 이용한 위협에 크게 의존하고 있다고는 하지만 일정 수준의 실효성과 능력을 보이고 있다는 사실이 중요하다.

물론 외국에서 이슬람국가로 전투원이 유입되고 있으며, 그들이 출신국으로 돌아가거나 제3국에서 국제 테러 조직원으로 활동할 가능성이 있기 때문에 앞으로도 이슬람국가를 '국제 테러 조직'의 관점에서 계속 주시해야 한다. 그와 동시에 이슬람국가가 이라크와 시리아에서 영역 지배를 하는 정치적 존재가 되었다는 사실 또한 중요하다.

알카에다와 조금 더 비교해보면, 현재의 이슬람국가는 1990년대 후반에 알카에다를 숨겨준 아프가니스탄의 탈레반 정권(1996~2001년)에 가까운 존재가 되었다고 할 수 있다. 당시 알카에다는 세계적 규모의 지하드를 위한 성역을 제공해줄 존재로서 탈레반 정권을 이용하고, 아프가니스탄을 각국에서 모여드는 지하드 전사·전투원의 거점으로 삼았다. 한편 탈레반 정권은 아프가니스탄의 토착 세력을 주체로 아프가니스탄 특유의 정치적 환경·대립 관계 속에서 탄생했으며, 전 국토를 장악하고 정권을 획득한 뒤 사상적인 공감과 자금원으로서의 기대 등에서 알카에다에 활동할 곳을 제공했다. 그리고 이슬람국가는 2014년 6월 이후의 모술 점령과 시리아에서의 지배 영역 확대를 통해 알카에다를 잇는 국제테러 조직의 성격과 내전·분쟁 속에서 대두해 영역 지배를 하는 토착 세력이라는 탈레반적인 성격을 겸비한 존재가 되었다.

참수 처형과 노예제도

이슬람국가의 미디어 전략은 점점 잔혹해져갔다. 잇따른 참수 처형 영상의 공개와 이교도의 노예화 주장은 전 세계적으로 거부반응을 불러일으켰다.

참수 처형은 사우디아라비아에서도 금요일에 공개적으로 실시되고 있듯이 이슬람 국가에서 무조건 기피되는 행위라고 할 수는 없다. 그러나 일반적으로 참수 처형 장면을 촬영해 그 영상을 전 세계에 공개하는 수법이 이슬람교도에게 호감을 주리라곤 도저히 생각되지 않는다. 그런데도 왜 이런 영상을 공개하는 것일까? 아마도 이슬람국가의 관점에서는 부정적인 측면보다 선전과 위협 효과가 더 크다고 판단했을 것이다. 단순히 '광신자들이 미친 짓을 하고 있다'는 생각만으로는 설명되지 않는다. 배후에 숨겨진 치밀한 계산과 연출에 주목해야 한다.

　이슬람국가는 시리아에 머물던 서양인을 인질로 붙잡아 순차적으로 살해하겠다고 예고했으며, 실제로 그들을 살해한 뒤 그 영상을 공개했다. 이것은 미국의 여론을 자극해 오바마 정권이 공습을 시리아로 확대하게 하는 요인이 되었다. 이슬람국가는 서양인 인질을 처형할 때 그 대상과 집행인을 세심하게 선택하고 시기를 결정했다. 무작정 서양인을 처형하는 것이 아니라 먼저 미국인을, 이어서 영국인을 선택하고 이들 나라가 이라크 혹은 시리아에 군사개입을 멈추도록 요구하는 영상을 내보낸 다음 일정 기간이 지난 뒤에 인질을 처형하고 영상을 공개했다. 요컨대 최소한 자신들의 논리로는 정당성이 있는 살인이라는 주장의 근거를 제시하는 형태로 정보 발신을 시도했음을 알 수 있다.

인질에게 오렌지색 옷을 입히고 카메라 앞에서 말하게 한 다음 처형하는 방식은 이라크 전쟁 후에 정착된 이른바 '테러 문화'의 양식을 따른 것이다. 9·11 테러 사건 이후 시작된 '테러와의 전쟁'에서 미군은 적성 전투원으로 간주한 자들을 구속해 전쟁 포로나 범죄 용의자와는 다른 법적 카테고리에 위치시키고 미국법이 미치지 않는 쿠바 관타나모 미군 기지 내의 수용소에 감금했다. 유출된 관타나모 기지 수용소 내부의 사진과 영상을 보면 수용자들이 오렌지색 죄수복을 입었음을 알 수 있다. 또 이라크의 아부그라이브 교도소에서 찍은 포로 학대 사진이 유출되었을 때도 오렌지색 죄수복은 사람들에게 강렬한 인상을 남겼다.

이와 같은 배경에서 반미 무장세력 사이에서는 서양인을 구속해 오렌지색 죄수복을 입히고 굴욕을 준 다음 처형하는 것이 이른바 '양식樣式'으로 정착되어갔다. 오렌지색 죄수복을 입힌 이유는 관타나모와 아부그라이브에서 미군이 이슬람교도에게 자행한 부당 대우에 분개하는 사람들의 눈에 참수나 처형 영상의 공개 같은 행위가 정당해 보이도록 하는 효과를 노린 것이다. 또한 시리아에서는 의도적으로 처형 집행

인도 영국 출신자 등 처형 대상과 같은 나라 사람들 중에서 선정함으로써 더 큰 반향과 논란을 불러일으키도록 계산했다.

애초에 이슬람국가는 처형 영상을 공개해 도발함으로써 어떤 정치적 효과를 노리고 있는 것일까? 미국을 도발하면 압도적인 군사력으로 보복을 가해 이슬람국가에 커다란 피해를 입힐 터인데, 그러면 오히려 역효과가 나지 않겠는가? 설마 자신들의 파멸을 바라는 것인가? 이렇게 의심하는 사람도 있을 것이다. 종말론을 강조하는 이슬람국가의 사상에 일종의 파멸·파괴 희구希求 성향이 짙게 깔려 있음은 분명하지만, 그렇다고 그들이 패배를 기대하고 미군의 군사개입을 유도한다고 생각하기는 어렵다.

서양인을 처형하고 영상을 공개하는 것이 이라크와 시리아에서 벌어지는 전투에 미국을 끌어들이기 위해서인지, 아니면 미국을 위협해 개입을 막기 위해서인지는 분석가에 따라 해석이 갈린다.

다만 나는 양쪽 모두가 아닐까 생각한다. 미국을 이라크와 시리아로 끌어들이는 것은 그 나름대로 합리적이다. 미국의 공격에 맞선 자위전쟁을 주장함으로써 이슬람국가의 정통성을 더욱 높일 수 있기 때문이다. 현재 이슬람국가는 자신들의 운동을 이라크나 시리아에서의 지배를 둘러싼 권력투쟁이 아니라 이슬람교의 지배력을 회복하기 위한 글로벌 지하드로 정당화하고 있다. 따라서 미국이 참전함으로써 적이 이라크 정부와 시리아 정부 또는 다른 무장세력에 한정되지 않는다면 세계적 규모로 이슬람교도의 지지를 모으기에 안성맞춤인 상황이 된다.

또한 처형 영상을 공개하는 궁극적인 목적은 미국의 군사개입 의욕을 꺾기 위함이다. 이것은 '눈에는 눈, 이에는 이'라는 동해보복同害報復 논리이며 '아픔을 느끼면 손을 움츠린다'는 인간의 자기방어 본능을 노린 것이기도 하다. 이슬람국가 측은 미국이나 영국의 이라크 공습은 위법이며, 이에 대항해 미국이나 영국을 공습할 수단을 가지고 있지 못한 이상 미국 국민이나 영국 국민을 붙잡아 처형하는 것은 정당한 보복 수단이라고 주장할 것이다. 그리고 이라크인과 전 세계 글로벌 지하드 세력은 이라크 전쟁 후의 반미 무장투쟁이 결국 미군의 철수를 불렀다는 경험에서 테러를 반복하면 강대한 미국의 의지도 무너뜨릴 수 있다는 교훈을 얻었다. 오렌지색 죄수복을 입혀 카메라 앞에서 처형하는 수법도 이라크 전쟁 이후의 무장투쟁과 똑같은 투쟁을 반복해 미국을 다시 굴복시킨다는 전략 중 하나로 받아들였을 것이다.

이슬람국가는 서양인 인질뿐만 아니라 이라크와 시리아의

점령지에서 정부군과 경찰 관계자, 지배에 복종하려 하지 않는 이교도 등 적대적 세력 또는 '범법자'로 간주한 자들을 대규모로 처형하고 있다. 그러나 그들의 처형 장면을 찍은 영상에서는 살해되는 이들의 얼굴을 또렷하게 비추지 않으며, 카메라 앞에서 말하게 하는 경우도 거의 없다. 또한 한 사람씩 처형하지 않고 다수를 한꺼번에 처형한다. 서양에 보여주기 위한 처형과 이라크나 시리아 국내 또는 아랍 국가에 보여주기 위한 처형은 방식도, 정보 발신 방법도 다르다.

이슬람국가는 인터넷 기관지 《다비크Dabiq》에서 『쿠란』이나 이슬람 법학의 유력한 학설을 다수 인용해 정복지에서 이교도를 노예로 삼는 것을 정당화했다. 실제로 이슬람국가는 이라크 북부의 야지디교도를 노예화했다고 선언했다. 그런데 제7장에서 자세히 말하겠지만 이슬람국가가 인용하는 이슬람법상의 근거는 통설에서 벗어난 것이 아니다. 정복지의 이교도를 노예로 삼는 것은 이슬람법에 명확히 규정되어 있는 행위다. 가령 이슬람 법학계에서 통치제도론의 고전이자 정설로 통하는 마와르디al-Mawardi(972~1058년)의 『통치의 규칙들』에도 상세히 규정되어 있기에 과격파만 신봉하는 교리라고 말하기는 어렵다.

물론 근대에 들어와서는 이슬람 국가들도 노예제도의 폐

지라는 국제 규범을 받아들였기 때문에 법적으로 노예제도를 인정하는 나라는 없다. 그러나 과격파뿐만 아니라 '온건파'나 '중도파'로 분류되는 이슬람주의자들까지도 인간이 제정한 법률은 가변적이며 오류가 담긴 규칙에 불과하다는 관념을 상당 부분 공유하고 있으며, 이슬람주의의 폭넓은 세력이 알라가 계시한 법(샤리아)을 거스르는 인정법人定法은 무효·불법이라고 주장해왔다.

이러한 관점에서 보면 노예제도를 규정하는 이슬람 법학의 통설에 반해 노예제도를 부정하는 근대의 법체계 자체가 위법·오류이며, 이슬람국가 측은 여기에 도전하는 자세를 보이는 데서 의의를 찾고 있을 것이다.

무엇이 이슬람국가를 만들었는가

이슬람국가는 어떻게 이렇게나 급속히 성장했을까? 어떻게 해서 광범위한 영역을 지배하기에 이르렀을까? 그 세력의 발생과 확대에는 어떤 역사와 정치적 배경이 있을까? 참수와 노예제도를 과시하는 주장과 행동 뒤에는 어떤 사상과 이데올로기가 있을까? 이 책에서 이런 의문들을 풀어보려 한다.

나는 이슬람국가의 성장에 크게 두 가지 요인이 작용했다고 생각한다. 그중 하나는 사상적 요인이고, 다른 하나는 정치적 요인이다.

사상적 요인은 지하드주의 사상과 운동이 확대·발전된 결과 세계적 규모의 지하드 운동이 성립한 것이다. 세계화와 정보통신 혁명에 적합한 조직론을 전개한 결과 글로벌 지하드는 최근 들어 변화를 이루어왔다. 이슬람국가도 이러한 배경에서 탄생했다.

한편 정치적 요인은 '아랍의 봄'이라는 미증유의 지역적 정치 변동을 배경으로 각국의 중앙정부가 동요하면서 지방 통치가 느슨해진 것이다. 특히 이라크와 시리아에서 이런 현상이 두드러졌다.

글로벌 지하드의 진화와 확대가 중동과 아랍 세계의 지역적인 사회·정치적 동요와 결합하고 이라크와 시리아의 변경 지역이라는 지역적 장소에서 수렴함으로써 이슬람국가의 성장이 현실화된 것이다. 이 책에서는 이러한 요인들을 하나하나 밝혀나가려 한다.

이 책의 시각 – 사상사와 정치학

이 책에서는 크게 다른 두 가지 전문 분야의 시점과 성과를 아울러 '이슬람국가'라는 현상을 살펴볼 것이다.

첫 번째는 이슬람 정치사상사政治思想史, 그중에서도 특히 지하드론論의 전개다. 이들 사상에 바탕을 둔 사회·정치 운동의 발전이 이슬람국가의 조직과 주체를 형성했다.

그와 동시에 어떤 사상이나 운동이 현실 세계에서 의미를 가지려면 유리한 환경조건이 필요하다. 오늘날의 아랍 세계, 특히 이라크와 시리아의 특정 지역에는 그러한 환경조건이 갖춰져 있었다. 그렇다면 어떤 과정에서 그런 환경이 갖춰졌을까?

이것은 정치학의 시각으로 분석하고 설명해야 하는 과제다. 정치학은 정치철학과 같은 규범적인 것에서 과학을 지향하는 계량 수리적인 것까지 그 분야가 폭넓은데, 여기에서는 각국 정치체제의 특성을 지역 연구에 입각해 파악하는 비교정치학, 그리고 각국 정치의 전개와 지역·국제정치의 연관성을 파악하는 국제정치학의 시점을 주로 사용할 것이다.

2
이슬람국가의 변화

알카에다의 분산형 네트워크

이슬람국가는 어디에서 나타났을까?

이슬람국가는 2000년대에 일어난 글로벌 지하드 운동의 조직 원리가 변화하면서 새롭게 나타났다. 2001년의 9·11 테러 사건을 계기로 미국이 '테러와의 전쟁'을 시작한 결과 알카에다는 조직에 막대한 타격을 입었으며 행동의 자유를 잃었다. 그럼에도 알카에다는 소멸되지 않았다. 불리한 상황에 맞춰 조직 구조와 원리를 재편해, '조직 없는 조직'으로 불리는 분산형·비집권적 네트워크 구조로 연결된 관련 조직망을 전 세계에 깔아놓았다. 또 알카에다의 본체·중추는 구체적인 작전 행동을 실시하는 주체라기보다 사상·이데올로기 또는 상징적인 성격이 강해졌다.

알카에다의 중추 조직이 직접 테러나 군사작전을 실행하는 능력은 크게 약화되었지만, 각지에서 알카에다의 사상에 공감해 자발적으로 행동하는 세력 또는 개인이 잇달아 나타났다. 알카에다의 중추 조직이 직접 관여하거나 지시하지 않아도 호응·모방 세력이 어떤 작전행동을 입안·실시해 성과를 올린 다음 글로벌 지하드 운동의 성과로 인정해달라고 공개된 장소에서 알카에다의 본체에 요구한다. 그러면 빈 라덴이나 아이만 알자와히리Ayman al-Zawahiri 등 알카에다 중추 조직의 지도자들이 이에 응한다.

이렇게 해서 명확한 물리적 연결성이 없는 조직들이 네트워크적으로 확산되었다. 빈 라덴 주변의 인물들이 각자의 고향으로 돌아가 조직을 창설하기도 하지만, 인터넷이나 위성방송 등 미디어를 통한 가상적인 공감 관계만으로 연결되어 있는 경우도 많다.

조직의 규모가 극단적으로 작거나 애초에 개인 또는 형제·친척 정도의 범위 안에서 테러가 계획·실행되는 '론 울프(외톨이 늑대)'형 테러도 발생했다. 테러가 실제로 일어난 뒤에 테러범 본인의 의식이나 객관적인 상황을 통해 그것이 알카에다의 사상에 공감했거나 그 배후에 있는 글로벌 지하드의 사상과 운동에 감화된 행동임이 밝혀진다. 그러나 알카에다 등의 조직과 직접적으로 관련되어 있지 않기 때문에 사전에 감지해 차단하기도, 사후에 연관성을 추적해 배후 주모자나 교사범을 색출하기도 어렵다. 애초에 그런 것이 존재하지 않기 때문이다.

이 장에서는 2000년대 중반에 탄생한 글로벌 지하드의 사상과 운동의 변화를 그 중심에 있었던 알카에다의 조직과 조직론의 변화를 통해 살펴보려 한다.

성역의 소멸

9·11 테러 사건을 계기로 미국은 알카에다와 그들에게 동조하는 테러리스트에 대한 전면적인 대결과 추적을 시작했다. 이른바 '테러와의 전쟁'이다. 이 전쟁은 군사, 정보, 경찰, 사법, 금융, 미디어 등 다양한 측면에서 진행되었는데, 특히 군사적인 측면이 두드러졌음은 굳이 말할 필요도 없다.

동시다발 테러가 발생한 9월 11일로부터 한 달이 채 지나지 않은 10월 7일, 미국은 아프가니스탄에 대규모 공습을 개시했다. 당시 아프가니스탄을 실효 지배하면서 알카에다를 숨겨주고 자유롭게 활동할 장소를 제공하던 탈레반 정권을 타도하기 위해서였다. 수도 카불을 비롯해 탈레반의 최고 지도자인 무함마드 오마르Muhammad Omar의 자택이 있는 칸다하르, 그리고 잘랄라바드 같은 도시에 대규모 공습이 가해졌다.

공습에 이어 개시된 지상 작전에는 특수작전사령부United States Special Operations Command 산하의 특수부대가 투입되었다. 특수부대는 동맹 세력과 협력해 공습 대상 지역을 선정함으로써 성과를 올렸다. 아프가니스탄 현지에서 미국의 동맹 세력으로 주목받은 조직은 탈레반과 대립해 아프가니스탄 내전을 벌여온 북부동맹이었다. 이들은 아프가니스탄 북부를 거점으로 삼는데, 타지크인 등 인구로는 소수파인 민족이 주축이었다. 그에 비해 탈레반과 그 지지 세력은 아프가니스탄에서 다수를 차지하는 파슈툰인이 주축이었다.

미국에서 9·11 테러 사건이 일어나기 이틀 전인 9월 9일, 북부동맹의 아흐마드 샤 마수드Ahmad Shah Massoud(1953~2001년) 사령관이 아프가니스탄 북동부의 타하르 주 하와자 바하우딘Khwaja Bahauddin, Takhar Province에서 암살당했다. 언론인으로 가장한 튀니지인 두 명이 카메라에 설치한 폭탄을 사용해 자살 테러를 한 것이었다. 마수드 사령관의 암살은 9·11 테러 사건과 연동된 알카에다의 범행으로 추정되고 있다. 탈레반 정권의 원수인 마수드 사령관을 살해함으로써 9·11 테러 사건 이후 빈 라덴 등을 인도하라는 미국의 요구를 탈레반 정권이 거절해줄 것을 기대한 작전이다. 그러나 북부동맹은 마수드 사령관의 영정을 앞세우고 미군의 공중 전력과 특수부대의 도움을 받아 탈레반 정권의 지배 지역을 하나둘 빼앗아갔다.

미군의 압도적인 공군력과 특수부대의 지원을 받은 북부동맹의 진군 앞에 탈레반 정권은 주요 도시의 지배권을 순식간에 빼앗겼다. 여기에는 탈레반 정권의 가혹한 통치를 못마땅하게 여기던 지역 주민들이 봉기하도록 은밀하게 유도하는 작전도 효과를 발휘했다. 또한 미국은 수면 아래서 때때로 적대국과도 협력하며 정보전을 펼쳤다.

미군과 영국군, 북부동맹으로 구성된 연합군이 11월 9일부터 10일에 걸쳐 북부의 요충지인 마자르이샤리프를 함락시키자 탈레반 세력은 11월 12일에 카불을 넘기고 도주했다. 같은 날 서부의 헤라트도 함락되었다. 헤라트는 서쪽에 국경을 맞댄 이란의 영향력이 강한 지역인데, 미 특수부대와 CIA가 반미 활동을 펼친 적도 많은 이란의 민병대 쿠드스 여단의 협력을 얻어 헤라트 주민의 반反탈레반 봉기를 유도했다. 그럼으로써 내부에서부터 지배를 붕괴시켜 조기 해방이 가능했던 것으로 보인다.

궁지에 몰린 알카에다

탈레반 정권이 순식간에 붕괴되는 가운데 알카에다도 핵심 요원을 잃었다. 빈 라덴의 측근으로, 주요 선전 비디오에도 종종 모습을 드러냈던 무함마드 아테프Muhammad Atef (1944~2001년) 등이 이때 사망했다.

11월 17일 이후 알카에다는 탈레반 세력의 일부를 포함한 1,000명 정도의 군대와 함께 아프가니스탄 동부에 위치한 토라보라Tora Bora의 동굴에 숨었다. 토라보라는 국경 지대에 위치해 있어서 카이바르 고개를 넘으면 파키스탄의 '연방 직할 부족 지역FATA'으로 갈 수 있다. 그리고 국경에 가로놓인 화이트 산맥의 산중턱에는 동굴이 많다.

미군은 토라보라를 집중적으로 폭격했고, 아프가니스탄의 지역 세력이 지상에서 토벌 작전을 맡았다. 12월 16일까지 모든 동굴을 제압했으며 알카에다 혹은 탈레반 병사의 시체 200구가 발견되었다고 한다.

이와 같은 대규모 군사작전에도 빈 라덴은 홀연히 모습을 감추었다. 토라보라 전투에서 살아남은 빈 라덴은 전설이 되었다. 10년 뒤인 2011년 5월 2일에 살해되기 전까지 빈 라덴이 공식 석상에 모습을 드러낸 적은 없다. 비디오나 육성 메시지로 모습이나 발언이 전해질 뿐이었다. 토라보라 전투 이후 빈 라덴은 전장에서 지휘하는 사령관이라기보다 상징적인 지도자이자 아이콘으로 기능하게 된 것이다.

남겨진 알카에다의 지하드 전사(무자헤딘)들은 남부의 파크티아 주에 있는 샤이코트 계곡Shah-i-Kot Valley에 집결했다. 이들을 상대로 2002년 3월 1일부터 18일에 걸쳐 진행된 아나콘다 작전은 아프가니스탄 전쟁에서 최대 규모의 전투로 알려져 있다. 그전까지 지상전은 주로 특수부대가 맡았지만, 이 단계에서는 일반적인 미군 부대가 투입되었다.

미국의 '테러와의 전쟁'은 아프가니스탄에 한정되지 않았다. 미국은 빈 라덴의 선조가 살았던 땅이자 수많은 지하드 전사를 배출했고 아프가니스탄과 마찬가지로 내전의 혼란을 이용해 국제 테러 조직에 성역을 제공해온 예멘에도 압력을 가했다. 이에 따라 그전까지 별다른 조치를 취하지 않던 살레 정권은 자세를 바꿔 알카에다를 탄압하기 시작했다. 9·11 테러 사건의 실행범 중 대다수를 배출한 사우디아라비아에서도 정부가 알카에다 계열 조직의 봉기를 힘으로 찍어 눌렀다.

특수부대·정보기관·초법적 송치

'테러와의 전쟁'에서 미국은 정규군을 동원한 공격이나 통상적인 경찰·사법 협력에 따른 절차를 따르지 않고 비통상적 군사력이나 적법하지 않은 수법을 구사했다. 또한 최첨단 기술을 활용한 신병기를 속속 투입했다. 그 대표적인 것이 ①특수부대의 은밀한 작전, ②CIA가 총괄하는 드론(무인 비행기)을 이용한 공격·암살 작전, ③초법적인 구속과 송치다.

비통상적이며 때로 적법한 절차에서 벗어난 수법을 사용하고 고도의 최신 기술을 구사한 것은 이 전쟁이 알카에다라는 종교적 이념에 바탕을 두고 국경을 초월해 활동하며 테러를 주요 무력행사의 수단으로 삼는 비非국가 주체에 대한 '비대칭 전쟁'이었기 때문이다. 상대가 국가가 아니므로 정규군끼리 맞서 싸울 일이 없다. 테러 조직은 일반 사회 속에 숨어 있는 경우가 많기 때문에 병력을 동원한 공격으로는 '부수적 피해collateral damage'가 막대해진다. 물론 특수부대나 드론을 이용한 미군의 공격도 상당한 규모의 부수적 피해를 유발했지만, 그래도 정규군을 동원한 공격보다는 희생을 줄였다고 생각할 수 있다.

또 알카에다와 같은 비국가 주체가 미국의 '테러와의 전쟁'

에 전면적으로까지 협력하지 않는 동맹국에 몸을 숨기기라도 하면 정규군 투입은 거의 불가능해진다. 정규군을 파견하려면 현지 정부의 지지와 협력이 필요하며, 사실상 협력을 얻지 못한 상태에서 군대를 파견하려면 그 정부를 적국·테러 지원 국가로 지정해 뒤엎는 수밖에 없다. 그러나 파키스탄이나 예멘같이 정부가 표면적으로는 미국의 대테러 전쟁에 찬성하며 미국도 군사·정보·경찰의 협력이 절실한 경우, 정면에서 이들 정부를 적으로 지정할 수는 없다.

그런데 이들 정부가 실질적으로 적대 조직에 대처하지 못하거나, 명확하게 대처하려는 의사가 없거나, 내부에 적대 조직과 내통하는 자가 있다고 의심된다면 정부 간 협력을 요청해도 별다른 효과가 없으며 오히려 역효과를 부를 수도 있다. 그러한 경우에는 상대 정부에 정보를 제공하지 않고 허락도 받지 않은 채 특수부대의 '외과 수술'적인 은밀한 작전이나 드론의 폭격을 통한 암살 작전을 선택하는 상황이 많아진다. 특히 이라크와 아프가니스탄에서의 정규군 철수를 정권의 정통성이나 성과로 삼고 싶어 하는 오바마 정권이 들어선 뒤로는 드론이나 특수부대를 이용한 비통상적이고 은밀한 작전의 빈도가 비약적으로 증가했다.

전쟁을 원치 않는 미국 내의 분위기도 드론이나 특수부대

의 공격을 빼놓을 수 없는 선택지로 만들었다. 군사적인 필요
성이 생겨도 지상군 파병에 대해서는 미국의 대다수 국민이
강한 거부반응을 보인다. 그러나 드론을 이용하면 미국인의
직접적인 희생은 거의 발생하지 않는다. 주둔하지 않는 특수
부대의 공격 역시 법적인 문제는 둘째 치고라도 미국 국민의
희생이 적다는 점에서 정당화하기가 용이하다.

　현지 정부의 허락을 얻지 않더라도 아무런 의사소통이 없
는 것은 아니며, 국민감정의 반발을 예상해 공개하지 않을 뿐
수뇌급에는 비밀리에 알리는 경우도 있다. 그리고 미국이 현
지 사회나 정부 기관 내, 특히 정보기관 내에 비밀 정보원을
확보하고 그들의 정보나 협력을 바탕으로 작전을 입안해 실
시하고 있음은 분명하다. 여담이지만, 그런 정보원의 네트워
크에 알카에다나 탈레반 조직원이 침입하여 오히려 CIA의
중추적인 작전지휘 계통으로부터 정보를 훔치고 미군 기지
내부에서 테러를 하는 등 카운터 인텔리전스 활동을 한 사례
도 있다.

　초법적 구속은 미국 국내법상의 제약에서 벗어나 '테러와
의 전쟁'을 신속하면서도 대규모로 진행하기 위해 확대되어
갔다. 미국은 아프가니스탄에서 붙잡은 적성 전투원 대부분
을 쿠바 관타나모 미 해군 기지의 수용소에 수용해 전쟁 포로

에 대한 국제법의 규범도, 범죄 용의자에 대한 미국 국내법의 규제도 받지 않는 모호한 법적 위치에 두고 초법적으로 구속해 계속 심문했다. 이러한 상황을 부적절하다고 판단한 오바마 대통령은 선거공약으로 관타나모 수용소의 폐쇄를 주장해 당선되었지만 아직도 실현되지는 않고 있다.

초법적 송치extraordinary rendition는 아프가니스탄뿐만 아니라 미국과 서방 국가를 포함한 세계 각지에서 지하드주의의 영향을 받고 있다고 판단한 개인을 초법적인 수단을 동원해 국외로 이송시킨 다음 비밀 기지에 장기간 구속해놓고 고문을 동반한 심문을 실시한 것이다.

열린사회재단Open Society Foundation의 보고서에 따르면 미국의 초법적 송치에 54개국이나 협력했다. 아프가니스탄에 주둔하는 미군 기지 내에 수용·심문 시설이 만들어졌고, 사우디아라비아와 이집트 등 구속자의 출신국뿐만 아니라 특별한 관계가 없는 폴란드나 리투아니아, 조지아, 보스니아 헤르체고비나 등도 적극적으로 비밀 시설과 구속 장소를 제공했다. 이들 국가는 냉전 종식 이후 미국과 동맹 관계를 맺고 안전보장 측면에서 미국에 크게 의존하고 있기에 미국의 떳떳하지 못한 요구에 응할 수밖에 없었을 것이다. 또한 독일과 그리스, 이탈리아 등 유럽 국가들도 초법적 송치의 경유지로 이용되면서 이를 묵인한 것이 발각되어 비난을 받았다.

심지어 미국이 종종 적대해왔으며 정치범에 대한 인권침해가 심하다고 비난해온 시리아나 리비아, 이란 등으로도 이송되었고 미국이 원하는 심문이 진행되었다. 미국은 '테러와의 전쟁'을 통해 수면 아래서 '적국'과도 협력하게 된 것이다. 2014년 12월에 발표된 미국 상원 정보위원회의 보고서는 CIA의 비합법적인 이송과 심문 수법을 신랄하게 비판했다.

그래도 살아남은 알카에다

이와 같이 미국은 온갖 수단을 동원해 '테러와의 전쟁'을 벌였다. 그 결과 1996년 이후 아프가니스탄에 거점을 구축했던 알카에다의 조직은 커다란 타격을 받았고 탈레반 정권은 전복되었다. 빈 라덴 등 알카에다의 중추 조직과 지도자들은 행동의 자유를 잃고 지하로 숨어들어 성명을 발표하는 등 심리전이나 선전전에 국한된 활동밖에 할 수 없게 되었다.

그럼에도 알카에다와 그들에게 동조하는 개인·조직은 살아남아 새로운 참가자를 모집하고 글로벌 지하드 운동을 전개해나갔다. 여기에는 다음과 같은 네 가지 요인이 있다.

1. 알카에다의 중추가 파키스탄으로 도망쳐 추적을 피했다.
2. 탈레반이 아프가니스탄과 파키스탄의 국경 지대에 세력범위를 확보했다.
3. 알카에다 관련 조직이 각국에서 자율적으로 형성되었다.
4. 선진국에서 론 울프형 테러가 이어졌다.

이들 요인을 순서대로 자세히 살펴보자.

파키스탄으로 도망치다

아프가니스탄에서 탈레반 정권이 타도됨에 따라 성역을 잃은 알카에다는 아프가니스탄과 맞닿은 파키스탄의 국경 지대에서 은신처를 발견했다.

아프가니스탄과 국경을 맞대고 있는 파키스탄의 북서부에는 연방 직할 부족 지역이 있다. 연방 직할이라는 명칭 때문에 이 지역에 대한 중앙정부의 통제가 강할 것 같지만 실제로는 정반대다. 파키스탄 정부의 지배가 미치지 않고 군과 경찰이 출입하기조차 어려운 영역이다.

이 지역에서 통용되는 것은 현지 부족의 관습법이다. 이들 부족에는 '손님' 대접을 명예롭게 생각하는 관습이 있다. 때문에 이 지역으로 도망쳐 부족의 보호를 받는 자를 파키스탄 정부가 체포하려면 부족 지도자와 협의해 허락을 받아야 한다. 그런 경우에도 실제로는 부족 지도자가 나서서 용의자를 넘겨줘야지, 정부의 경찰이 허락 없이 이 지역에 들어와 수색을 했다가는 오히려 문제를 복잡하게 만들고 만다. 연방 직할 부족 지역과 인접한 '북서변경 주'(정식으로는 2010년에 '카이바르 파크툰크와 주'로 개칭했지만 이 책에서는 널리 통용되는 옛 지명을 사용한다) 또한 부족 세력이 강하며 중앙정부의 통제에 강력히 맞서고 있다.

알카에다는 파키스탄의 연방 직할 부족 지역에 살고 있는 부족의 비호를 받음으로써 미국의 공격을 피했다. 그뿐만이 아니다. 중앙정부의 중추인 군과 정보기관 ISI의 내부에 비밀 정보원이 있어서 이들을 묵인·보호해온 것으로 추정된다. 원래 탈레반은 ISI의 지원하에 성립된 운동이고, 알카에다도 대對소련 지하드의 첨병으로 파키스탄의 용인하에 육성되었다. 파키스탄으로서는 알카에다나 탈레반이 여전히 전략적으로 유용한 존재이며, 애초에 파키스탄 정부에는 이데올로기적으로 탈레반과 알카에다에 공감하는 세력이 상당히 많다.

국경을 세력범위로 삼다

알카에다와 마찬가지로 파키스탄의 아프가니스탄 국경 지대로 도망친 탈레반은 2002년부터 아프가니스탄으로 재침공하기 시작했다. 이렇게 해서 파키스탄과 인접한 동부와 남부를 중심으로 사실상 탈레반이 세력을 뻗치는 영역이 나타났다. 그곳에 알카에다까지 기생하면서 부분적으로 일체화되어 활동 범위를 넓히고 세력을 회복했다. 이것을 '알카에다-탈레반 결합al-Qaeda-Taliban Nexus'이라 부르기도 한다.

아프가니스탄에서는 카르자이 정권과 이를 지지하는 다국적 주둔군에 대한 공격이 격화되었고, 미국과 국제사회의 지원을 받는 카르자이 정권이 실제로 지배하는 곳은 수도 카불뿐이라는 소문까지 돌게 되었다. 지방의 군벌과 부족 세력도 중앙정부나 주둔군(국제치안지원부대)을 돕는 척하면서 뒤에서는 탈레반 세력을 돕는 식의 면종복배面從腹背가 일상화되었다.

아프가니스탄에서 탈레반 토벌 작전과 국가 재건 작업이 순조롭게 진행되고 있다고 주장하던 미국의 부시 정권도 2006년에는 탈레반 세력의 침투와 무장봉기가 심각한 위협이 되고 있음을 인정할 수밖에 없었다. 그러나 이 무렵에는 이라크에서도 무장봉기가 격화되었기 때문에 부시 정권은 이라크에 대한 대규모 증파를 우선했고, 이에 따라 아프가니스탄에 대한 지원은 늦어졌다. 부시 정권의 뒤를 이은 오바마 정권은 탄생하자마자 아프가니스탄 문제를 재검토해야 했고, 결국 2009년 12월 아프가니스탄에 대한 대규모 증파를 결정했다.

파키스탄에서도 '파키스탄-탈레반 운동TTP: Tahrik-i-Taliban Pakistan'이 결성되어 알카에다와 손을 잡고 테러를 하게 되었다. TTP는 탈레반이라는 이름을 사용하고 있지만 아프가니스탄의 탈레반과는 별개의 조직이다. 9·11 테러 사건을 계기로 연방 직할 부족 지역이나 북서변경 주에서 토벌 작전을 벌이게 된 파키스탄군에 대항해 결성된 부족 지역을 거점으로 하는 파슈툰인 무장세력 연합체로, 일부는 알카에다나 이슬람국가에 동조해 글로벌 지하드에 참가했다. 2014년 노벨 평화상 수상자인 말랄라 유사프자이Malala Yousafzai를 습격한 것도 이 조직이며, 같은 해 12월 16일에는 페샤와르에서 군 부설 학교를 습격해 140명이 넘는 아이들을 살해했다.

아프가니스탄과 파키스탄 토착 세력의 지원을 받은 알카에다는 미국과 협력 관계에 있는 양국의 정보기관과 군 내부에도 잠입해 미군과 CIA의 토벌 작전을 회피하는 카운터 인텔리전스 능력을 높여나갔다. 특히 2009년 12월 30일 아프가니스탄의 호스트 주에 있는 채프먼 기지에 대한 알카에다의 테러 공격은 미국에 뼈아픈 타격이었다.

채프먼 기지 내에는 알카에다의 잔존 세력을 색출하는 작전을 진행 중인 CIA의 거점이 설치되어 있었다. 그런데 CIA의 활동은 사실 알카에다 측으로 누설되고 있었으며, 알카에다는 오히려 공작원을 침투시켜 자폭 테러 공격을 가한 것이었다. 희생자들 중에는 미국 버지니아 주 랭글리의 CIA 본부에서 출장을 온 알카에다 대책 전문가 제니퍼 매튜스Jennifer Matthews도 포함되어 있었다. 즉 CIA의 내부 정보가 알카에다 측에 알려진 것이 명백했다.

실행범은 요르단인 후맘 칼릴 아부무달 알발라위Humam Khalil Abu-Mulal al-Balawi(1977~2009년)로, 원래 요르단에서 과격파 웹사이트를 운영한 혐의로 수감되었던 인물이다. 요르단의 정보기관인 GID는 그가 과격 사상을 버리고 조직에서 빠져나왔다고 오인하고 알카에다와 탈레반 계열 조직의 동향을 추적하기 위한 스파이 요원으로 CIA에 제공했으며, 파키스탄을 경유해 아프가니스탄으로 그를 잠입시켰다. 그러나 사실 이중 스파이였던 발라위는 미국과 요르단, 아프가니스탄 정보 당국의 내정을 캐고 테러 기회를 엿보고 있었다.

알카에다를 추적하는 정보기관이 오히려 작전지휘부의 중추 근처까지 알카에다의 침투를 허용했음이 명백해진 2009년 말의 이 사건은 2000년에 구축함 USS 콜을 수장시킨 예멘 아덴 항에서의 테러와 맞먹는 충격을 주었다. 그 결과 탈레반과 알카에다를 근절시키겠다는 의욕이 꺾인 미국은 목표를 완수하지 못하고 사실상 탈레반과의 화평을 통한 철수를 모색하게 되었다.

조직을 프랜차이즈화하다

파키스탄과 아프가니스탄의 국경 지대에 잠복한 알카에다의 중추는 양국 정부와 주둔군에 대한 탈레반의 무장봉기에 이따금 관여하는 것 이외에는 이렇다 할 활동을 펼치지 못했다. 국제적인 활동도 이데올로기적 선전이나 정신적인 지원 등 이른바 '구두 개입'에 그쳤다. 그러나 세계 각지에서 알카에다에 대한 지지와 충성을 맹세하는 집단·조직이 자생적으로 나타나 분권적이며 비집권적인 네트워크가 형성되어 갔다. '이라크의 알카에다', '아라비아 반도의 알카에다AQAP', '이슬람 마그레브의 알카에다AQIM' 같은 지역명을 딴 관련 조직이 속속 출현해 상호 간에 느슨한 네트워크를 형성했다. 소말리아의 '알샤바브al-Shabaab'나 나이지리아 북부의 '보코하람Boko Haram'처럼 알카에다라는 이름을 사용하지는 않았지만 밀접한 관계를 맺게 된 조직도 있다.

　이들 조직은 각각의 국가나 지역의 분쟁·대립 구도 속에서 테러 등 사람들의 주목을 끄는 작전행동을 자율적으로 실시한 다음 빈 라덴(그가 죽은 뒤에는 자와히리)에게 충성을 맹세하고 알카에다의 일부로 사후 승인을 받았다. 이런 조직들의 지도자들 중 일부는 과거에 아프가니스탄에서 지하드에 참가해 알카에다의 지도층과 직접적인 관계를 맺기도 했다. 그런 경우에는 알카에다 본체와 사상적 또는 정신적 유대가 지속되거나 끊어져도 쉽게 회복된다. 가능하다면 인적·자금적 관계도 강화한다. 그런 경우에도 기본적으로는 각자의 위치에서 자율적으로 조직의 목표를 추구한다. 이런 조직들을 '알카에다 관련 조직AQAM: al-Qaeda Associated Movements'이라 부르며, 여기에서도 그렇게 부르도록 하겠다.

　이와 같은 조직의 국제적인 확산을 '프랜차이즈화'라고 표현하기도 한다. 명확한 조직이나 지휘명령 계통을 통해 연결되는 것이 아니라 이념이나 모델의 공유를 통해 협조·동조하고 상징이나 로고 마크 등을 유용함으로써 확산되는 느슨한 네트워크를 나타내는 데 안성맞춤인 표현이라고 할 수 있다. 알카에다는 이름을 올린 조직들을 지지하고 알카에다의 일부로 승인함으로써 보증서를 제공하는 위치가 되었다. 알카에다의 중추·본체는 이른바 프랜차이즈의 지부를 승인하는 권한을 지닌 본부가 된 것이다. 알카에다라는 가게 이름과 상표를 사용하는 분점을 허락 또는 거부할 권한을 지닌 본점이 되었다고도 할 수 있다.

별도 브랜드를 찾다

알카에다라는 이름은 각지로 퍼져나갔는데, '아랍의 봄' 같은 새로운 사건이 일어나면서 알카에다의 브랜드 이미지에 그림자가 드리우기 시작했다. 그러자 알카에다라는 이름을 사용하지 않고 다른 개념으로 글로벌 지하드의 공통성을 나타내자는 움직임이 나타났다. 이는 별도 브랜드의 전개 또는 재再브랜드화의 시도라고 할 수 있다. 빈 라덴 자신도 알카에다의 브랜드 이미지 저하를 고민해 다른 개념이나 운동명을 고안하려 한 흔적이 있다.

알카에다의 중추에서 직접 지령을 내린 결과인지는 정확

하지 않지만, 결과적으로 확산된 재브랜드화 시도의 전형은 '안사르 알샤리아'라는 이름이다. 예멘, 이집트, 리비아, 모로코, 튀니지 등 각국에서 안사르 알샤리아가 출현했다. 이들 조직은 예멘처럼 '아라비아 반도의 알카에다'의 별동대인 경우도 있지만 튀니지처럼 알카에다와의 관계가 희박한 경우도 있다.

이슬람국가는 영역 지배를 하는 국가를 강조하고 칼리프라는 궁극의 상징을 사용한 알카에다 계열 조직의 새로운 재브랜드화 시도라고도 할 수 있다. 그리고 이것이 전례 없는 히트작이 되면서 안사르 알샤리아 등과 같은 개념을 받아들이려 했던 각지의 세력 사이에서도 이슬람국가에 충성을 맹세하고 분점 설치를 희망하는 세력이 늘어났다. 이슬람국가와 마찬가지로 영역 지배를 하는 국가의 수립을 선언하는 연쇄반응도 일어났다.

런더니스탄의 론 울프

각지에 출현한 알카에다 관련 조직은 분쟁 지역이나 개발도상국의 변경 지대를 거점이자 활동 범위로 삼는다. 그런데 선진국의 도시에 거주하는 이슬람교도 사이에서도 과격 사상이 확산되어 글로벌 지하드 참가를 희망하는 이들이 나타났다. 선진국의 이슬람교도 사이에서 확산되고 있는 과격주의의 문제에는 아프가니스탄의 성역이 붕괴되어 갈 곳을 잃고 개인적으로 선진국에 잠복한 지하드 전사, 특히 지도층의 문제와 그런 이들의 사상을 접하고 감화된 새로운 지하드 전사와 그 예비군의 문제가 있다.

이것을 '런더니스탄Londonistan' 문제라고 부르기도 한다. 9·11 테러 사건 이후 런던을 비롯한 서방 선진국의 대도시에 과격 사상가가 거주하며 구속되거나 검거되지 않고 테러 모의와 선동을 하고 있다는 의혹은 꾸준히 제기되어왔다. 이들은 중동이나 남아시아의 고국으로 돌아가면 즉시 체포, 투옥되어 재판에서 사형이나 무기징역을 받을 가능성이 있는 사람들이다. 그러나 유럽연합EU의 인권 규범은 그런 사람을 법적 보호 대상으로 삼기 때문에 국외로 추방시키기가 어렵다. 서유럽의 선진국에서는 과격 사상을 가졌다고 알려져도 어떤 형태로든 시민권을 획득했다면 직접적으로 형법에 저촉되는 행위를 하지 않는 한 사상과 행동의 자유가 인정된다.

물론 무장투쟁을 하기 위해 대규모로 조직화되거나 테러를 지령해 실행시킨 사실이 있다면 적발할 수 있다. 그래서 서유럽의 선진국을 거점으로 삼는 과격 사상가들은 조직화·무장화를 동반하는 테러나 무장봉기를 직접적으로 지휘명령해 살인을 실행·교사하는 것이 아니라 불특정 다수를 향해 자발적으로 무기를 들고 지하드를 하도록 선동하는 조직론을 구축해나갔다.

가장 유명한 인물은 아부 무사브 알수리Abu Mus'ab al-Suri다. 1958년 시리아에서 태어난 수리의 본명은 '무스타파 세트마리얌 나사르Mustafa Setmariam Nasar'로 알려져 있다. 1982년 시리아의 아사드 정권이 무슬림 동포단에 대한 대규모 탄압을 시작하기 직전에 유럽으로 건너간 그는 스페인에서 결혼해 시민권을 획득함으로써 유럽연합에서 행동의 자유와 인권을 보장받았다. 1990년대에 빈 라덴의 홍보·선전 담당으로 공적을 올리고 아프가니스탄에서의 지하드와 알제리 무장 이슬람 집단GIA의 무장투쟁을 홍보·선전 측면에서 지원하는 등 광범위하게 활동한 수리는 2004년에 자신의 경험을 종합해 추출한 글로벌 지하드 이론을 체계화했다.『글로벌 이슬람 저항을 향한 호소』라는 1,600쪽에 이르는 대작은 그해 연말 인터넷에 공개되었다.

이 문서에서 수리는 9·11 테러 사건 이후의 환경조건에 맞춘 글로벌 지하드 조직론을 전개하고 '개별 지하드'를 제창했다. 전 세계에서 총력을 기울여 '테러와의 전쟁'을 하는 미국의 군사력과 정보·경찰력을 상대로 지하드 전사들이 비밀 조직을 결성해 맞서는 것은 상책이 아니다. 오히려 지하드 전사들은 흩어지고 조직을 최소화하며 조직 간의 연결도 가급적 줄여야 미국의 추적을 피할 수 있다. 지하드 전사들이 각자 개별적인 장소에서 소규모의, 그러나 상징적이고 사람들의 이목을 끄는 테러를 실행해나갈 때 세계적인 지하드 운동은 '현상으로서' 성립한다. 이것이 수리가 고안한 새로운 글로벌 지하드의 조직론이었다.

조직을 최소화하고 조직 간의 지휘명령 계통이나 연락을 없애면 조직의 말단이 적발되더라도 조직 전체의 괴멸을 피할 수 있다. 애초에 조직이 없으면 테러를 실행한 뒤에 실행범의 배후에 있는 공범들이 줄줄이 적발되는 일도 없다. 수리에 따르면 당분간 알카에다 중추 같은 지도부의 역할은 소규모 조직·개인의 연쇄적인 '개별 지하드'를 촉발하기 위한 인터넷 등에서의 선전·이데올로기 활동에 한정된다. 이렇게 해서 수리는 론 울프형 테러를 중심축으로 삼는 글로벌 지하드 조직론을 제창했다.

다만 수리도 이런 한정적인 지하드를 최종 목표로 삼은 것은 아니다. 어디까지나 '테러와의 전쟁'이라는 불리한 상황

에 적응하기 위한 작전으로 '개별 지하드'를 제창했으며, 언젠가는 대규모로 조직화·무장화할 기회가 찾아오리라고 기대하고 예상했다. 수리는 대소련 지하드에서 내전을 거쳐 탈레반 정권이 들어서고 알카에다에 활동할 장소와 성역을 제공한 시기의 아프가니스탄을 모델로, 언젠가 이슬람 국가들 중에서 다시 내전이 일어나거나 정권이 붕괴되면서 질서가 흐트러져 지하드 전사의 결집이 가능해질 공간이 나타나리라고 예측했다. 수리는 이것을 '개방된 전선戰線'이라고 불렀다. 내전이 일어나거나 정권이 붕괴되어 '개방된 전선'이 나타나면 세계 각국의 지하드 전사·예비군들이 그곳에 집결해서 대규모로 조직화·무장화해 지하드를 할 것으로 예측한 것이다.(이케우치 사토시, 「글로벌 지하드의 변화グローバル・ジハードの変容」)

　이후의 전개는 수리의 기대대로 진행되었다. 2013년에 일어난 보스턴 마라톤대회 테러에서 볼 수 있듯, 인터넷상에서 정보를 얻을 뿐 거의 조직화되지 않은 상태에서 테러를 실행하는 론 울프형 테러리스트가 선진국 젊은이들 사이에서 나타났고 2011년 이후 중동과 이슬람 각국에서 정부의 힘이 약해지거나 분쟁이 격화되면서 '통치되지 않는 공간'이 출현했다. 이는 수리가 예측한 '개방된 전선'에 부합하는 것으로, 그

대표적인 예가 이라크와 시리아의 국경 지대다. 세계 각지에서 지하드 전사들이 이곳에 집결함으로써 수리의 구상은 자신의 예상보다 빠르게 실현될 수 있는 기회를 얻었다.

지도자 없는 지하드?

이렇게 다종다양한 세력을 포함하게 된 9·11 테러 사건 이후의 알카에다와 그 관련 세력, 알카에다에 동조하는 조직과 개인을 마쓰모토 미쓰히로松本光弘는 ①정통 알카에다, ②알카에다 성운, ③제멋대로 알카에다로 분류했다.(마쓰모토 미쓰히로,『글로벌 지하드グローバル・ジハード』)

①은 아프가니스탄과 파키스탄에 잠복해 있는 알카에다의 중추, ②는 '아라비아 반도의 알카에다' 등 알카에다라는 이름을 사용하거나 협력 관계에 있는 조직, ③에는 론 울프형 테러 등을 하는 각지의 동조자·조직이 포함될 것이다.

성격이 다른 세력이 섞인 알카에다와 관련 조직을 어떻게 파악할 것인가에 관해서는 국제 테러리즘 연구자들 사이에서 논쟁이 벌어지고 있다.

먼저, 마크 세이지먼Marc Sageman은 이와 같은 변화를 통해 알카에다 중추의 지도성은 거의 사라졌으며, 문제의 소재는 '지도자 없는 지하드Leaderless Jihad'로 이동했다는 견해를 보인다. 그는 빈 라덴이 아프가니스탄이나 파키스탄에서 형성한 '알카에다 중추al-Qaeda Central'와 세계 각지에서 알카에다에 호응해 결성된 '알카에다라는 이름을 사용하는 조직'은 서로 다르다고 주장한다. 그리고 9·11 테러 사건 이후 중앙집권적 조직의 부재가 현저해졌다고 말했다. 9·11 테러 사건 이후 글로벌 지하드 운동의 네트워크는 지휘명령 계통과 직접적으로 연결되지 않고 인터넷 게시판이나 채팅방의 가상적인 쌍방향 커뮤니케이션을 통해 연결되고 있다는 것이다. 마크 세이지먼은 이러한 현상을 '지도자 없는 지하드'로 규정했다. 국내 출신자의 론 울프형 테러는 '지도자 없는 지하드' 현상의 궁극적인 발현 방식이라 할 수 있다.

한편 국제 테러리즘 연구자로 유명한 브루스 호프먼Bruce Hoffman은 이 견해에 크게 반발한다. 그는 지금도 수많은 테러가 알카에다와 어떤 식으로든 관계 있는 조직 또는 인물의 치밀한 계획과 지도하에 실행되고 있다면서, '지도자 없는 지하드'론은 이러한 위협을 외면하고 있다고 비판했다.

이 논쟁은 폭넓은 내실을 갖추기에 이른 글로벌 지하드 운동 가운데 어느 부분에 초점을 맞추느냐의 차이에서 비롯되었다. 알카에다 자체 혹은 과거에 알카에다와 관계를 맺고 있다가 세계 각국으로 흩어진 인물이 관여하는 조직적인 국제 테러리즘이 존재한다는 것은 엄연한 사실이다. 알카에다에서 경험을 쌓고 명확한 적대·목적의식으로 미국과 서유럽을 최대·최우선 공격 대상으로 삼는 인물 또는 조직이 지도하는 테러가 서양의 국제 테러리즘 대책에서 가장 중요한 과제임도 분명하다. 이러한 관점에서 보면 막연히 알카에다의 이념이나 상징에 공감해 각지에서 각자의 활동을 펼치는 조직들을 중시하며 전체적으로 '지도자가 없는' 상황에 주목하는 것은 시간낭비인 동시에 유해하다고까지 말할 수 있다.

다만 글로벌 지하드 운동의 전체상을 파악할 때 '지도자 없는 지하드'론은 틀림없이 매력적이다. 가령 이슬람국가는 알카에다 중추의 통제를 초월해 발전하고 있으며, 그들의 관심사는 이라크와 시리아에서 영역 지배를 확보하고 통치하는 것으로 이동하고 있다. 미국 본토나 미국인에 대한 테러는 최우선 과제가 아니다. 또한 이슬람국가의 구성원들 중에는 알카에다의 중추와 직접적인 관련이 없는 자가 다수 포함되어 있다. 그러나 그들의 기본 이념이나 구성 원리는 2000년대에 진행된 알카에다의 조직과 이념의 변화에서 큰 영향을 받았으며, 그 변화의 한 축을 담당하기도 했다. 알카에다 중추의 직접적인 지도성이 소멸되지는 않았지만 상대화되었다. 다양한 운동·조직이 알카에다에서 촉발되어 그 상징을 활용하면서 자율적으로 발전해 각지에서 분쟁의 당사자가 되어간다.

이 책은 '서양을 적대시하는 국제 테러리즘'만으로 대상을 한정하지 않고 글로벌 지하드 운동의 다양한 전개와 가장 최근의 결과인 이슬람국가의 분석을 주된 목표로 삼으며, 이러한 관점에서 바라볼 때 '지도자 없는 지하드'론은 우리에게 많은 실마리를 제공해준다.

3
되살아나는 '이라크의 알카에다'

'이라크의 알카에다'

'테러와의 전쟁'으로 한때 조직에 막대한 타격을 입고 활동에
제약을 받았던 알카에다는 이윽고 그 조직 원리를 변화시켜
분산적이며 비집권적인 네트워크형 조직 원리로 연결되는
'알카에다 관련 조직'망을 전 세계에 깔았다. 이 장에서는 각
국의 알카에다 관련 조직 중에서도 특히 활발한 활동을 펼쳤
으며 이슬람국가 조직의 직접적인 기원이 된 '이라크의 알카
에다'에 관해 자세히 들여다보려 한다.

미국의 '테러와의 전쟁'으로 타격을 받은 알카에다가 부활
한 가장 큰 요인은 2003년의 이라크 전쟁이었다. 사담 후세
인 정권의 붕괴와 그 후의 혼란으로 이라크에 새로운 거점을

형성하고 활동할 기회가 열리면서 아프가니스탄에서 쫓겨난 지하드 전사들이 갈 곳이 생겼다. 그리고 이라크의 반미 무장 봉기에 참가한 여러 세력 중에서 대두한 세력이 '이라크의 알카에다'이며 조직 개편과 합병, 개명을 반복한 끝에 지금의 '이슬람국가'가 되었다.

이슬람국가에 이르는 길은 평탄치 않았다. 활동이 침체된 적도 여러 차례였고 소멸 위기에 빠지기도 했지만 그때마다 되살아났다. 알카에다와의 관계도 안정적이지 않았다. 이슬람국가는 2004년부터 2006년까지 '이라크의 알카에다'를 자처하며 세계 각지에 나타난 알카에다 프랜차이즈 중 하나로 지명도를 높였지만, 빈 라덴이나 자와히리 같은 알카에다 중추와의 관계가 원활하지만은 않았다. 이슬람국가는 2013년 이후의 시리아에서의 활동을 둘러싸고 알카에다 중추와 대립한 끝에 갈라섰는데, 이라크 전쟁 후의 반미 무장 투쟁 때부터 이미 노선 대립의 징조가 나타나고 있었다.

'아랍의 봄' 물결이 시리아와 이라크를 휩쓸면서 이슬람국가가 광범위한 영역을 지배할 수 있는 기회를 얻기까지의 기간, 즉 이슬람국가의 전신 조직이 이라크에서 무장 민병 집단 또는 테러 조직으로 존재하던 시기에 어떻게 조직이 형성되고 발전했으며 그 밑바탕에 어떤 사상이 자리하고 있는지 살펴보자.

요르단인 자르카위

2014년에 '이슬람국가'로 이름을 바꾸기 전까지 이 조직은 최소한 다섯 개의 이름을 사용했다. 그 시작은 이라크 전쟁이나 9·11 테러 사건이 일어나기 전인, 1999년에 설립된 '타우히드와 지하드단'이다. 지도자는 요르단인 아부 무사브 알자르카위Abu Musab al-Zarqawi(1966~2006년)였다. 자르카위는 가명이고, 본명은 '아흐마드 파딜 알나자르 알칼라이레Ahmad Fadil al-Nazal al-Khalayleh'다.

자르카위는 '자르카 사람'이라는 의미다. 자르카는 요르단의 수도인 암만 근교에 있는 도시로, 나도 학창 시절에 몇 주 동안 이곳의 가정집에 묵은 적이 있다. 공장이 여기저기 흩어져 있는 살벌한 도시이고 팔레스타인인도 많다. 이 때문에 일부에서 오해가 있는 듯한데, 자르카위는 토착 부족의 피를 이어받았으며 팔레스타인 계통이 아니다.

조직의 변천

이슬람국가 전신 조직의 명칭과 지도자, 조직 구성과 성격을 정리해보자. 명칭의 경우, 번역 과정에서의 혼란과 복수의 명칭 또는 약칭의 병용으로 일반 독자들의 혼란이 가중되고 있다. 경우에 따라서는 가치 판단을 담은 다른 명칭이 사용되기도 한다. 여기에서는 아라비아어 철자와 함께 자주 사용되는 영어명과 약칭을 표기했다.

> ▶1999년~2004년 10월
> **타우히드와 지하드단** Jama'a al-Tawhid wa al-Jihad

타우히드는 '유일신 신앙'을 의미한다. 창설 지도자인 자르카위는 아프가니스탄에 거점을 쌓고 고국 요르단 정부에 대한 테러를 실행했으며, 9·11 테러 사건을 계기로 미국의 토벌 작전이 시작되어 거점을 위협받자 2002년 6월에 이라크로 건너갔다. 그리고 '타우히드와 지하드단'은 2003년에 사담 후세인 정권이 붕괴된 뒤 반미 무장세력의 중심 조직으로 대두했다.

▶2004년 10월~2006년 1월
두 큰 강의 땅의 지하드 기지단 Tanzim Qa'ida al-Jihad fi Bilad al-Rafidayn; al-Qaeda Organization in the Land of the Two Rivers

일반적으로는 '이라크의 알카에다AQI: al-Qaeda in Iraq'라고 부르는 경우가 많다. 정식 명칭에서 '기지'에 해당하는 아라비아어가 '알카에다'다. '두 큰 강'은 티그리스·유프라테스강을 의미하며, 메소포타미아에 해당하는 지역을 가리키는 것으로 보인다. 그래서 '메소포타미아의 알카에다'로 해석해도 되지만 일반적으로는 '이라크의 알카에다'로 불린다. 처음에는 조직 당사자들이 자기주장을 위해 '두 큰 강의 땅' 같은 복잡한 명칭을 붙여봤지만, 국제적으로는 알카에다 관련 조직으로 인지되면서 지명도와 영향력이 높아지자 당사자들도 '이라크의 알카에다'라는 명칭을 거부하지 않게 되었을 것이다.

▶2006년 1~10월
이라크·무자헤딘 자문평의회 Majlis al-Shura al-Mujahidin fi al-'Iraq; MSC: The Mujahideen Shura Council

'이라크의 알카에다'가 주도하고 최소 다섯 개 이상의 현지 조직이 가세해 결성된 연합 조직이다. 이라크 서부의 안바르 주를 중심으로 한 반미 무장투쟁에서 각 세력을 조정하는 목적을 가진 것으로 생각된다. '이라크의 알카에다' 조직은 계속 유지되었지만 이라크에서의 토착화의 방향성을 제시한 점이 중요할 것이다. 2006년 6월에 창설자인 자르카위가 미국의 공습으로 사망했지만, 조직은 이라크인 지도자에게 서서히 권한을 이양하며 존속했다.

▶2006년 10월~2013년 4월
이라크·이슬람국가 Dawla al-Iraq al-Islamiya; ISI: Islamic State of Iraq

아라비아어를 엄밀히 번역하면 '이슬람적 이라크 국가'가 되겠지만, 여기서는 기억하기 쉽도록 '이라크·이슬람국가'로 번역했다. 이라크·무자헤딘 자문평의회에 참가했던 세력들이 더욱 깊게 통합하고 수니파 부족 세력의 일부 등도 포함시켜 '국가'를 선언했다. 바그다드 근교 외에 안바르 주와 디얄라 주, 키르쿠크 주(옛 이름은 타밈 주), 니나와 주를 중심으로 수니파가 다수를 차지하는 지역에서 반미·반말리키 정권 무장투쟁을 활발히 펼쳤다. 이때 바그다디 등이 지도자가 되어 영역 지배와 칼리프제의 포석을 깔기 시작했다.

일반적으로 영어권이나 일본에서 'ISIS' 혹은 'ISIL'로 불린다. 영어로는 '아이시스', '아이실'로 발음한다. 미국 정부가 'ISIL'을 사용하기 때문에 일본에서도 이 명칭을 사용하는 경우가 많다.

번역이 복수로 존재해 혼란스러운 느낌을 주는 것은 '샴'이라는 말을 번역하기가 어렵기 때문이다. 샴은 아랍 세계의 역사적인 지리 개념으로, 동지중해 연안 지방부터 내륙부에 걸쳐 현재의 시리아와 레바논, 요르단, 팔레스타인을 포함하는 넓은 범위를 가리킨다. 근대 영어로 번역할 때는 '대시리아Greater Syria'가 가장 적합하다. 그러나 '대시리아'라고 번역하면 약칭이 네 글자가 넘어가고, 이 지리적인 개념이 영어권에 널리 알려져 있다고 보기도 어렵다는 문제점이 있다. 서양에서는 '샴'과 어느 정도 겹치는 지역을 '레반트the Levant'라고 부르기 때문에 'al-Sham'을 영어로 옮길 때 'the Levant'를 사용하기도 하지만, '레반트'라는 호칭은 서양의 시각이며 식민주의적인 느낌을 주는 경우도 있다. 따라서 반식민지주의를 내세우는 '이슬람국가'의 호칭에 사용하기에는 망설여지는 측면이 있다.

　또 'ISIS'를 사용하든 'ISIL'을 사용하든, 서양에서는 'the Islamic State' 부분을 가급적 사용하지 않고 약칭으로만 부르려 하는 경향이 있다. 이 조직이 '이슬람'을 대표하지 않으며 '국가'로도 인정할 수 없다는 의사 표명일 것이다. 아랍 각국의 정부나 미디어도 '이슬람국가'가 '이슬람적'이지도 않고 '국가'도 아니라고 주장하기 위해 아라비아어의 머리글자를 딴 약칭인 '다이슈Da'ish'로 부르는 경우가 많은데, '이슬람국가'에 공감하는 사람들은 이 말에 강한 거부감을 드러낸다.

▶2014년 6월~
이슬람국가al-Dawla al-Islamiya; the Islamic Stat

'이슬람국가'는 정치체제로 칼리프제를 선언했다. 그래서 지지자들은 칼리프제임을 명시하기 위해 '칼리프제 국가Dawla al-Khilafa al-Islamiya'라고 부르는 경우도 있다. 서양 측에서는 영어인 'the Islamic State'의 머리글자를 따서 'IS'라고 부르기도 하지만, 대부분의 경우 '이라크·샴'이라는 형용구를 삭제한 조직 측의 자칭自稱을 무시한 채 'ISIS'나 'ISIL'을 계속 사용하고 있다. '이슬람국가'가 '이슬람'을 대표하지도 않고 '국가'도 아니며 그 세력범위는 이라크와 시리아에 한정된다는

인식을 확인하기 위함이리라. 아랍 국가들도 같은 의도에서
'다이슈'를 계속 사용하고 있다.

수렁에 빠진 이라크 내전

조직을 창설한 자르카위는 후세인 정권이 붕괴된 이라크의
국가 재건을 방해하고 사회의 균열을 깊게 만들어 내전과 종
파 분쟁의 수렁으로 몰아넣는 데 결정적인 역할을 했다.

　이라크 재건 방해 공작은 유엔의 관여를 방해하는 것으로 시
작되었다. 2003년 8월 19일에 폭탄을 가득 실은 트럭의 자살
폭탄 테러로 바그다드의 카날 호텔이 파괴되고 이곳에 본부를
두었던 유엔 이라크 지원단이 막대한 피해를 입었는데, 이에
대해 자르카위는 자신들의 소행임을 밝히는 성명을 발표했다.

　갓 결성되었던 유엔 이라크 지원단은 이 폭탄 테러로 이라
크 문제에 대한 유엔 사무총장의 특사인 세르지우 비에이라
지 멜루Sérgio Vieira de Mello(1948~2003년)를 잃었다. 그다음 달
에도 폭탄 테러가 발생하자 유엔은 단원들의 안전을 확보할
수 없다고 판단해 지원단을 철수시켰다.

　또 자르카위는 시아파를 이단으로 규정하고 시아파에 대

한 테러를 지하드로 정당화했다. 와하브파 등 수니파의 엄격한 교리 해석에 따르면 극단적으로 특이한 생각은 아니지만, 이라크처럼 수니파와 시아파가 공존해온 사회에서 이런 선동을 하는 것은 사회의 조화와 안정을 어지럽히는 행위였다. 수니파와 시아파가 종파 분쟁을 시작하면 반미 투쟁이라는 목표는 뒷전으로 밀려날 수 있다. 알카에다의 중추인 자와히리도 자르카위의 잔혹하고 종파 분단적인 수법을 비판하는 서한을 보냈다.

시아파를 이단시하고 종파 분쟁을 야기하는 자르카위의 수법은 이라크를 분열시키고 내전을 격화시켜 국가 재건을 늦춤으로써 결과적으로 미국에 타격을 주었다는 점에서는 효과적이었다. 그 대가로 이라크는 국가의 일체성과 사회의 조화를 반영구적으로 잃게 되었다.

충격적인 참수 영상

자르카위가 이끄는 '타우히드와 지하드단'이 전 세계로 알려진 계기는 인질을 계속해서 참수 처형하고 그 영상을 인터넷에 공개한 것이었다. 인질에게 오렌지색 죄수복을 입히고 인질의 발언을 포함하는 형태의 살해 예고 영상을 유포시켜 관심을 높인 다음 실제로 살해하는 영상을 배포하는 일련의 수법은 이른바 '테러 문화'로 정착해 확산되어갔다.

'타우히드와 지하드단', 그리고 '이라크의 알카에다(두 큰 강의 땅의 지하드 기지단)'라고 불리던 무렵에 자르카위가 이끄는 조직이 실행한 참수 살인을 대략적인 살해 시기 순으로 나열하면 다음과 같다.

2004년 5월 11일 닉 버그(미국)

6월 22일 김선일(한국)

7월 13일 게오르기 라조프(불가리아)

8월 8일 무함마드 무타왈리(이집트)

8월 17일 두르무스 쿰데렐리(터키)

9월 20일 잭 헨슬리(미국)

9월 21일 유진 암스트롱(미국)

10월 7일 케네스 비글리(영국)

10월 31일 고다 쇼세이(일본)

2005년 1월 21일 알리 후세인 알주바이디(이라크 시아파)

1월 21일 아흐마드 알완 후세인 알마흐마다위(이라크 시아파)

4월 5일 자심 무함마드 후세인 마흐디(이라크 시아파)

이 명단을 보면 다국적군에 군대를 보낸 서방 세계와 한국, 일본의 국민을 구속해 살해하는 동시에 신정부의 경찰과 국민방위대 등에 고용된 사람들을 참수 대상으로 삼았다. 살해된 이라크인들은 이름을 보았을 때 명백히 시아파다. 이에 따라 위기의식이 높아진 시아파의 무장화·민병 집단 결성이 진행되면서 이라크는 급속히 종파 분쟁에 빠져들었다. 또한 터키인과 이집트인 노동자를 살해함으로써 이라크 재건에 지장을 초래하는 효과도 컸다.

알카에다 관련 조직의 효시

유엔 시설에 대한 폭탄 테러와 참수 영상의 공개로 급속히 지명도를 높인 '타우히드와 지하드단'은 2004년 10월에 자르카위가 빈 라덴에게 충성을 맹세하는 형태로 알카에다의 산하에 들어간다고 선언했다.

중요한 점은 각국의 지역적인 무장조직이 알카에다의 일부로서 글로벌 지하드 운동의 일익을 담당하는 분산형 조직

원리의 실례가 제시되었다는 사실이다. 이 시기 이후 세계 각지의 분쟁 지역에서 대두한 뒤 알카에다에 참가하는 프랜차이즈형 조직 확대 양식이 정착되었으며, '이라크의 알카에다'는 그 선구자 중 하나라고 할 수 있다.

그리고 제2장에서 이야기했듯이 2004년 말에 알카에다의 이론·선전 부문 지도자인 수리가 분산형·탈집권형 조직 구조를 고안하고 체계화한 대작『글로벌 이슬람 저항을 향한 호소』를 인터넷상에 공개했다.

자르카위의 죽음과 '바그다디'들

두 번째 전환점은 2006년 1월의 '이라크·무자헤딘 자문평의회' 결성이다. 이때 아부 압둘라 알라시드 알바그다디Abu Abdullah al-Rashid al-Baghdadi가 지도자로 추대되었다고 하는데, 그가 실존 인물인지는 의심스럽다. 실제로는 여전히 자르카위가 지도자의 위치에 있었던 것으로 보인다.

또 자르카위를 비롯해 이들 지도자의 이름은 모두 가명이거나 통명通名·전투명이며, 한 명이 여러 개의 이름을 사용하거나 상황에 따라 계속 바꿔나갔다. 그래서 특정 이름을 가진 지도자의 실존 여부나 동일성을 증명하기가 쉽지 않다.

여기서 중요한 점은 '바그다디'라는 이름의 지도자를 등장시킴으로써 요르단인 자르카위가 아니라 이라크인이 지도하는 것으로 보이려 했다는 사실이다. 알카에다의 산하에 들어가 글로벌 지하드의 일익을 담당해온 이 조직이 또다시 이라크에서의 토착화로 전환했다고 할 수 있다.

변함없이 사실상의 지도자였던 것으로 보이는 자르카위가 2006년 6월 미군의 공습으로 사망하자 새로운 지도자는 '아부 오마르 알바그다디Abu Omar al-Baghdadi'를 자칭했다. 그러나 이 시기에도 실제로는 이집트인 아부 아유브 알마스리Abu Ayyub al-Masri(1968~2010년)가 조직을 지도한 것으로 보인다. 즉 실권은 여전히 외국인의 손에 있었던 것이다. 그리고 2010년 4월 아부 오마르와 마스리가 공동작전을 펼친 미군과 이라크 정부군에 살해되자 그다음 달에 아부 바크르 알바그다디가 지도자로 추대되었다.

칼리프제를 향한 포석

'바그다디'를 자칭하는 지도자의 잇따른 취임을 둘러싸고 주목해야 할 점은 일찍이 칼리프 취임을 염두에 둔 듯한 호칭을 사용했다는 것이다. 이슬람국가 측은 아부 오마르와 아부 바크르라는 이름을 정식으로 소개할 때 '니스바(유래명)'라고 부르는 혈통이나 출신지 등 유래를 나타내는 이름을 복수로 넣었다. '바그다디'도 정식으로는 성씨가 아니라 니스바의 일부인데, 두 이름에는 니스바 중에 '쿠라시Qurashi'가 들어 있다. 이것은 '쿠라이시 부족의 피를 이어받았다'는 의미로, 무함마드와 동족의 혈통임을 나타낸다.

이것이 사실인지 아닌지를 검증할 수 있는 방법은 없다. 중요한 점은 사실이냐 그렇지 않느냐보다 어떤 의도로 그런 주장을 했느냐다. 아부 바크르가 칼리프 취임을 선언한 지금 되돌아보면, 쿠라이시 부족 출신임을 과시하는 유래명을 붙인 것은 고귀한 혈통임을 나타내기 위해서일 뿐만 아니라 이슬람 법학상 칼리프에 취임하기 위한 요건을 충족한다고 주장하기 위해서였던 듯하다.

애초에 '아부 오마르'도, '아부 바크르'도 출생 당시의 이름이 아닌 통명으로 여겨지는데, 오마르는 정통 칼리프 시대에 제2대 정통 칼리프의 이름이며 아부 바크르는 초대 정통 칼리프의 이름이다. 처음부터 칼리프 선언을 현실적으로 생각하고 있었는지는 알 수 없지만, 적어도 미리 포석을 깔아두었다고는 생각할 수 있다. 아울러 2006년 10월에 '알카에다'라는 이름을 버리고 조직 명칭을 '이라크·이슬람국가'로 바꾼 사실로 미뤄보면 영역 지배를 하는 국가가 되어 칼리프제를 선언한다는 목표를 이 시기부터 현실적으로 갖기 시작했다고 짐작할 수 있다.

2020년 칼리프제 부활 계획

이와 같은 추측을 뒷받침하는 것이 자르카위 등이 품었던 것으로 알려진 칼리프제 부활 구상이다. 자르카위는 상당히 전투적인 성격이었으며 책상 앞에 앉아 컴퓨터를 바라보며 치밀하게 '사상'을 구축하는 스타일의 인물이 아니었던 것 같다. 그러나 자르카위가 '이라크의 알카에다'에 모여든 지하드 전사들과 공유했던 미래상은 보도를 통해 전해지고 기록되었다.

2005년 5월 요르단인 저널리스트 푸아드 후세인Fouad Hussein이 런던의 아라비아어 신문 《알쿠드스 알아라비al-Quds al-Arabi》에 실은 르포르타주 「자르카위 – 알카에다의 제2세대」에는 자르카위 등이 구상했다고 하는 2020년의 세계적 규모의 칼리프제 부활에 이르는 행동 계획이 기록되어 있다. 자르카위의 반평생을 축으로 그 주변 인물들을 포함한 '알카에다의 제2세대'의 군상을 그린 이 기사에 따르면, 2005년 당시 '알카에다의 제2세대' 이론가와 지도자들은 2000년부터 2020년에 걸쳐 이슬람 국가 또는 칼리프제 국가를 수립하기 위한 7단계 행동 계획을 구상하고 있었다고 한다.

1. 각성(2000~2003년)

2. 개안(2003~2006년)

3. 일어섬(2007~2010년)

4. 부활과 권력투쟁과 혁명(2010~2013년)

5. 국가 선언(2013~2016년)

6. 전면 대결(2016~2020년)

7. 최종 승리(2020년)

그러면 2005년 시점에 '이라크의 알카에다'를 중심으로 한 글로벌 지하드주의자들이 구상했던 미래 계획을 현실적인 행동 전개와 대조하면서 자세히 살펴보자. 그러면 이슬람국가에 이르는 알카에다 계열 지하드 전사들의 발자취를 되돌아볼 수 있을 뿐만 아니라 그들이 예상하는 이슬람국가의 미래상도 드러나게 된다.

1. 9·11 테러 사건을 통한 각성

제1단계인 '각성'의 시기에 지하드주의자들은 세계의 무슬림을 분기시킬 충격적인 현상을 일으키기 위해 행동에 나선다. 2001년에 일어난 9·11 테러 사건은 그런 의미를 지닌 테러였다.

2. 젊은이들의 지하드 참가

제2단계인 '개안'의 시기에는 외국 세력에 점령된 현실이나 모종의 음모로 이슬람 세계가 공격받고 있다는 사실을 무슬림 국가의 국민들이 인식해간다. 이에 따라 각지에서 젊은이들이 지하드에 참가하게 된다.

제1단계와 제2단계는 푸아드 후세인이 르포르타주를 공개한 시점에 이미 과거의 일이 되어 있었기 때문에 어디까지가 기존의 구상이고 어디까지가 훗날 의미를 부여한 것인지 명확하지 않다. 당시 참가자들 중 대부분이 전투로 목숨을 잃은 지금에 와서는 '이라크의 알카에다'가 언제부터 이런 공정표에 따른 미래상을 의식하기 시작했는지 확인하기 어렵다. 다만 계획의 시발점이 되는 2000년에 이미 이런 미래상을 구상하고 계획대로 사태를 전개했다고 생각하기는 어렵다. 9·11 테러 사건이나 이라크 전쟁을 통해 지하드 의식이 고양된 뒤에 운동의 미래상을 그리면서 과거로도 거슬러 올라가 의미를 부여한 것이 아닐까? 2003년부터 2004년에 이라크에서 종파주의적인 내전을 일으키는 데 성공한 '이라크의 알카에다'는 그 경험의 연장선상에서 세계적인 지하드의 활성화와 승리를 내다보고 있었을 것이다.

3. 각지의 치안 불안

자르카위 등은 2007년부터 2010년까지로 계획된 제3단계인 '일어섬'의 시기에 치안의 혼란이 이라크 이외의 나라로 확산되어 지하드 운동이 더욱 광범위하게 영향을 끼칠 것으로 예상했다. 특히 샴 지방, 즉 시리아와 레바논 또는 이스라엘과 팔레스타인에서 지하드가 활발해질 것이라고 내다보았다. 그렇다면 2006년 7월의 이스라엘과 레바논 헤즈볼라의 분쟁이나 2008년 12월부터 이듬해 1월에 걸친 가자지구 분쟁은 이 예상이 현실화된 것이라고도 할 수 있다.

그러나 이런 사건들은 알카에다가 주도한 것이 아니며 이슬람주의 세력이 우위에 서지도 못했다. 사실 이 시기에 '이라크·이슬람국가'는 역경에 처한 상황이었다. 2006년에 자르카위가 살해되었고, 미국 부시 정권의 '대규모 증파'로 이라크의 무장봉기가 기세를 잃고 있었다. 사우디아라비아에서도 정부를 상대로 무장봉기를 일으킨 알카에다 계열 조직이 열세에 놓여 이웃나라 예멘으로 도피했다. '이라크의 알카에다'가 구상한 2020년 칼리프제 부활 계획은 이 시점에서 좌절된 듯이 보였다.

4. 아랍 각국 정권의 붕괴 예상

그런데 기이하게도 2010년 말 튀니지의 대규모 시위에서 촉발된 '아랍의 봄'을 계기로 2010~2013년에 아랍 정권을 타도해 권력을 잡는다는 제4단계의 '부활과 권력투쟁과 혁명'의 시기가 찾아온 듯하다. 2020년에 세계적 규모의 칼리프제 국가를 부활시킨다는 계획도 다시 현실성을 띠게 되었다.

푸아드 후세인에 따르면 2005년 당시 '이라크의 알카에다'는 이 시기에 미국과 아랍 각국 정권의 관계가 국민들에게 명확히 드러남으로써 "정권들은 정당성과 존재 의의를 서서히 잃어갈 것"으로 예상했다. 그리고 지하드 전사들은 "이 단계에서는 직접적인 충돌과 그 배후의 힘을 동원해 정권을 타도하는 데 전념"하며, 한편으로 미국을 상대로는 소모전을 시도할 계획이라고 한다.

2011년 1월 튀니지의 벤 알리 정권이 붕괴되고 같은 해 2월 이집트의 무바라크 정권이 붕괴되었으며, 이 소식에 각국 정권이 동요하자 아랍 세계 안팎에서는 민주화에 대한 기대가 높아졌다. 그러나 2020년에 칼리프제 국가의 부활을 지향하는 알카에다 계열 세력의 눈에는 이것이 오히려 글로벌 지하드 세력을 키우고 권력을 빼앗기에 절호의 기회로 비쳤을 것이다.

한편 2013년 4월 미국 보스턴 마라톤대회에서 일어난 폭탄 테러 사건에서 볼 수 있듯, 이 시기에는 선진국에서도 론 울프형 테러가 빈발하며 소모전 또한 현실적인 형태를 갖춰나갔다.

5. 칼리프제 국가의 선언

2013년부터 2016년으로 예상된 제5단계 '국가 선언'은 현실과의 일치성이 한층 높아지고 있다.

이 시기에 알카에다는 '이슬람 국가 또는 칼리프 국가'를 수립할 계획이었다. 푸아드 후세인은 이렇게 썼다.

"알카에다의 이론가들은 미래에 변화가 일어날 것이라고 믿고 있다. 그 결과 변혁과 세계적인 이슬람 지하드의 흐름에 유리하게 작용해 활력이 넘치고 효과적인 조직으로 탈바꿈하는 것이다." 그리고 이를 통해 알카에다에 "이슬람 국가를 수립할 황금 같은 기회가 생길 것이다. 국가 선언은 알카에다의 전략 목표다".

'이라크·이슬람국가'는 2006년에 '이슬람적 국가'의 수립을 선언했지만, 현실의 영역 지배를 향해 크게 전진한 시기는 2013년이다. 이 시기에 시리아 아사드 정권의 동요를 계기로 국경을 넘어 시리아에 거점을 구축하고 '이라크·샴 이슬람국가'를 자칭했다. 그리고 시리아의 거점을 활용해 이라크 서부에도 공격을 가했다. 2013년 말부터 이듬해인 2014년 1월에 걸쳐 안바르 주에서 정부군과 전면적인 대결에 들어갔으며, 6월에 북부 도시 모술을 함락해 안바르 주의 모든 영역을 지배하에 두고 중부의 도시들을 위협했다.

　이렇게 해서 이라크와 시리아의 세력범위는 일체화되었고 독자적인 국경선 안에 최소한의 국가 체제를 갖추기에 이르렀다. 이 이슬람국가 자체가 얼마나 지속될지는 미지수이지만, 2000년대 중반만 해도 망상으로 치부되었던 구상 중 상당 부분이 실현되었다고 할 수 있다.

　지하드 전사들이 일단 '국가'를 확보한 뒤의 전개는 어떻게 구상되어 있었을까?

6. 전면 대결

제6단계는 2016년부터 2020년에 걸친 '전면 대결'의 시기로 예정되어 있었다. 여기에서는 전 세계의 신앙인과 비신앙인이 각자의 진영에 집결해 정면 대결한다는 종말론적 비전이 부각된다.

마찬가지로 2014년에 이슬람국가가 간행하기 시작한 기관지 《다비크》에도 종말론적 요소가 매우 강하게 강조되어 있다. 사실 다비크라는 이름 자체가 시리아 북부의 격전지인 알레포 근처의 지명일 뿐만 아니라 이슬람교의 전거典據인 하디스에 기록된 종말의 전조가 되는 전란에서 결전이 벌어지는 장소다. 국가의 수립은 최종 목표가 아니며 선과 악의 궁극적인 싸움이라는 고차원적인 전쟁으로 이어진다고 주장하면 현세의 초월을 꿈꾸는 세계 각지의 신앙인들을 매료시킬 수 있게 된다.

이와 같은 종말론적인 싸움에 몸을 던지고 있다고 믿는 지하드 전사의 눈에는 어둡고 끔찍한 전투도, 잔혹한 처형도 성스러운 행위로 비칠지 모른다.

7. '진정한 테러리즘'을 통한 최종 승리

'이라크의 알카에다'가 구상한 제7단계의 칼리프제 부활 계획은 2020년에 도래할 '최종 승리'를 통해 완성된다. 세계는 이슬람의 이해에 바탕을 둔 진정한 테러리즘을 알게 되고, 이를 통해 이슬람을 적대하는 세력이 억지抑止된다고 한다.(이케

우치 사토시, 「알카에다의 꿈 - 2020년 세계 칼리프 국가 구상アル=カ
ーイダの夢 - 2020年 世界カリフ国家構想」)

칼리프제 이슬람 국가의 태동

'이라크의 알카에다'는 이라크 전쟁 이후의 혼란 속에서 '타
우히드와 지하드단'이라는 이름으로 탄생해 충격적인 참수
영상을 공개하며 세계 사회에 강렬하게 등장했다. 잔혹한 테
러 문화의 발전과 확산을 선도해 알카에다 관련 조직 중에서
도 특이한 위치를 차지했으며, 시아파를 적대시해 종파 분쟁
을 일으키는 등 독자적인 노선을 걸었다.

그리고 '이라크·이슬람국가'를 자칭하며 영역 지배 국가를
지향하고 칼리프제 부활을 꿈꿈으로써 알카에다의 틀을 초
월해 발전하기 시작했다. 이들이 이렇게 발전할 수 있었던 것
은 2011년 이후의 '아랍의 봄'에서 비롯된 중동 지역 전체의
동요와 시리아 아사드 정권의 국민 탄압에 따른 대규모 내전
발발이라는 조건이 갖춰졌기 때문이다.

다음 장에서는 이에 관해 살펴보자.

4
'아랍의 봄' 이후 개방된 전선

이슬람국가의 대두는 글로벌 지하드 사상·운동의 발전과 '아
랍의 봄'에 따른 정치 변동이 결합된 결과다.

글로벌 지하드 운동의 이념과 조직은 2000년대 중반에 이
미 변화했지만, 운동 쪽에 내재된 요인만으로는 그들이 광범
위한 영역을 지배하는 국가적 주체로 발전한 이유를 설명할
수가 없다. 글로벌 지하드의 행동 계획과 조직론에서 기대하
고 예상했던 환경조건이 갖춰지면서 자유롭게 활동할 기회
가 생겼는데, 그 환경조건 중 하나는 '아랍의 봄'이 단기적으
로 아랍 국가들과 중동 지역에 가져온 불안정과 혼돈이다.

이 장에서는 '아랍의 봄'이 아랍 국가들과 중동 지역의 국
제 질서에 가져온 변동이 어떻게 이슬람국가에 유리하게 작
용했는지 살펴보려 한다.

'아랍의 봄'은 어떻게 끝날까

2011년 이후의 '아랍의 봄'에서 촉발된 중동 지역의 변동은 아직도 그 끝이 보이지 않는다. 튀니지가 갑작스럽게 붕괴될 때 국제적인 언론 공간에서 정착된 '봄'이라는 단어는 깊은 의미에서 탁월한 표현이었다. 1848년의 '국민들의 봄'이나 1968년의 '프라하의 봄'과 마찬가지로 '아랍의 봄'은 적어도 사반세기는 지나봐야 최종적인 결과에 대한 평가가 가능해 보일 만큼 근본적인 구조 변화를 불러오고 있는 듯하다. 이슬람국가의 출현도 그러한 큰 변화의 일부에 불과하다고 생각하는 편이 옳을 것이다.

아직까지 그 종착지는 알 수 없지만, '아랍의 봄'이 단기적으로 중동 지역에 가져온 상황이 이슬람국가의 대두에 힘을 보탠 것만은 분명하다. 지금 시점에서 '아랍의 봄'이 안겨준 결과는 네 가지로 요약할 수 있다.

1. 중앙정부의 동요
2. 변경 지역의 '통치되지 않는 공간'의 확대
3. 이슬람주의 온건파의 퇴조와 과격파의 대두
4. 분쟁의 종파주의화, 지역으로의 파급, 대리전쟁화

이러한 상황은 이슬람국가가 급속히 부각하는 기회를 열어주었다. 그러면 차례대로 하나씩 검토해보자.

중앙정부의 동요

제3장에서 살펴보았듯이, 자르카위 등 글로벌 지하드 운동에 참가하기 위해 모여든 이들은 2000년대 중반 무렵부터 '국가'를 세우겠다는 생각을 품기 시작했다. 2006년에는 이라크에서 '이슬람적 국가'를 선언하기도 했다. 그런데 이슬람국가가 이라크와 시리아의 광범위한 지역에서 실제로 지배 영역을 확보한 것은 중동 지역 전체에서 기존 국가의 중앙정부가 동요하기 시작한 뒤였다.

2010년 12월 튀니지의 지방 도시에서 불붙은 민중 봉기는 급속히 전국으로 확산되었다. 시위대가 수도 튀니스의 거리를 가득 메웠다. 이듬해 1월에는 제인 엘아비디네 벤 알리Zine El Abidine Ben Ali 대통령이 해외로 망명했다. 예상 밖의 사태로 정권이 붕괴되자 각국의 억압적인 정권에 대한 공포심이 약해지면서 체제 타도를 외치는 민중 봉기가 연쇄적으로 일어났다.

1월 25일에 시작된 이집트 카이로의 대규모 시위가 2월 11일에 무바라크 정권을 무너뜨리자 연쇄반응은 더욱 가속화되어 예멘과 리비아, 바레인, 시리아에서도 대규모 시위가 일어났다. 그중 비교적 원만하게 구 정권이 퇴진한 나라는 튀니지와 이집트뿐이었다.

리비아와 시리아에서는 가혹한 탄압이 타협 곤란한 적의와 증오를 낳아 사회 균열을 부추겼고, 그 결과 대규모 내전이 발발했다. 예멘에서는 장기간에 걸쳐 대규모 시위대와 정권이 대치하는 가운데 정권 내부의 결속이 느슨해지면서 부족과 지역의 분열·할거가 진행되었다. 바레인에서는 정권을 압도하는 대규모 시위가 사우디아라비아를 중심으로 한 걸프협력회의GCC의 군사개입으로 봉쇄되었지만, 수면 아래서는 종파 분쟁의 색채가 진한 사회 대립의 불씨가 남아 있다.

'아랍의 봄'을 통해 그전까지 탄탄한 지배 구조를 구축한 줄로만 알았던 아랍 국가의 많은 정권이 사회의 이의 제기에 의외일 정도로 취약성을 노출하며 붕괴 또는 분열되었다. 그러나 그 정권을 대신해 민주적인 규범에 근거한 중앙정부의 통치를 가능케 하는 안정적인 제도와 체제는 아직 구축되지 않았다. 자유롭고 공정한 정치 참여를 통해 평화롭게 경쟁하기 위한 제도가 정착된 나라는 거의 없다.

유일한 예외는 '아랍의 봄'의 발단이 된 튀니지다. 튀니지에서는 벤 알리 정권이 붕괴된 이후의 과도기 정치가 비교적 원만하게 진행되었다. 2011년 10월에 실시된 입헌 의회 선거에서 제1당이 된 이슬람주의 온건파인 나흐다당은 세속적인 공화주의 정당과 연립해 정권을 획득했다. 입헌 의회는 각 세력 간의 협의와 타협을 통해 2014년 1월에 새로운 헌법을 제정했으며, 같은 해 10월 신 헌법하에서 의회 선거가 실시되었다. 그 결과 구 정권의 여당이었던 입법민주연합RCD의 흐름을 이어받은 니다투니스('튀니지의 외침')당이 나흐다당을 누르고 제1당의 위치를 확보했고, 같은 해 11월과 12월의 대통령 선거에서도 승리해 평화적인 정권 교체가 진행되었다.

그러나 튀니지는 예외일 뿐, '아랍의 봄'에 흔들린 다른 나라에서는 하나같이 혼란이 계속되고 있다.

이집트에서는 2012년 6월에 실시된 대통령 선거 결선투표에서 이슬람주의 온건파인 무슬림 동포단이 옹립한 모하메드 무르시Mohamed Morsi 후보가 당선되었다. 그러나 오랜 탄압 속에서 통치 경험을 쌓을 기회가 없었던 무슬림 동포단은 능력 부족과 비타협적 태도를 드러냈다. 게다가 사법과 경찰 기구, 세속주의적 야당의 뿌리 깊은 저항에 직면해 국정 운영에 차질을 빚었다. 결국 취임한 지 1년 뒤인 2013년 6월 30일에 대규모 반反무르시 시위가 벌어졌고, 이를 지지한 군부가 7월 4일에 쿠데타를 일으켜 무르시 정권을 추방했다.

리비아에서는 반정부 시위를 군사력으로 탄압한 카다피 정권에 대해 군의 일부가 이탈하며 내전이 벌어졌고, 나토NATO군의 군사개입과 각지의 무장 민병 집단 결성으로 혼돈에 빠진 상황에서 카다피 정권이 붕괴했다. 예멘에서는 장기간에 걸쳐 정부와 대규모 시위대가 대치한 끝에 살레 대통령이 기소 면제를 조건으로 하디 부통령에게 권한을 이양하고 퇴진했다. 그사이 구舊 남예멘 분리주의와 '아라비아 반도의 알카에다'가 활발히 활동하기 시작했고, 북부에서는 시아파(자이드파)의 무장 집단인 후디스가 대두해 2014년 9월에 수도 사나를 제압하고 정부의 정책 결정에 거부권을 행사하기에 이르렀다. 시리아에서는 시위대를 가혹하게 탄압하는 아사드 정권에 대항해 반정부 운동이 무장화되면서 대규모 내전이 발발했다. 이 혼란 속에서 외국의 의용병이 다수 포함된 무장 민병 집단이 난립했고, 정부는 광범위한 지역의 통치를 포기할 수밖에 없었다. 바레인은 2011년 3월에 사우디아라비아와 아랍에미리트연방UAE을 중심으로 한 GCC의 군사력 투입 덕분에 간신히 정권 붕괴를 면했지만 실질적으로 사우디아라비아의 관리를 받게 됨에 따라 국가 주권의 존재가 모호해졌다.

이와 같은 아랍 각국 중앙정부가 동요하면서 그동안 정권이 자행해온 탄압이 느슨해지면서 지하에 숨어 있던 이슬람주의 과격파 세력이 공공연히 활동할 수 있게 되었다. 또한 무바라크 정권이나 아사드 정권은 안팎으로부터 퇴진 압력이 높아지는 과정에서 "정권이 붕괴되면 이슬람 과격파가 활개를 칠 것이다"라는 위협과 함께 구속하고 있던 과격파를 석방하거나 이해할 수 없는 형태로 출옥시켰다. 사회질서의 혼란을 두려워하는 국민과 수면 아래서 초법적 송치에 협력해온 미국을 상대로 자신들의 강권 지배의 가치를 재인식시키려는 의도였을 것이다.

'통치되지 않는 공간'의 출현

2014년 9월에 열린 유엔총회에서는 이슬람국가의 성장을 심각하게 받아들여 과격주의에 어떻게 대처할 것인가를 주요 의제로 논의했는데, 이때 키워드가 된 것이 '통치되지 않는 공간ungoverned spaces'이다. 유엔총회와 함께 뉴욕에서 9월 23일에 열린 세계대테러정책포럼The Global Counterterrorism Forum을 의장으로서 주최한 미국의 국무장관 존 켈리John Kelly

는 테러의 원인으로 빈곤층과 약자층 인구의 폭발적 증가, 기회·존엄·존중의 부재, 불완전한 통치와 함께 '통치되지 않는 공간'의 존재를 지적했다. 그 전날에는 미국 MSNBC 텔레비전의 토크 프로그램에 출연해 "알카에다로부터 배운 점은 이 과격한 컬트주의를 통치되지 않는 공간에 방치하고 멋대로 흉악한 계략을 꾸미도록 놔둬서는 안 된다는 사실입니다"라고도 말했다.

'아랍의 봄'에서 비롯된 중앙정부의 약체화로 변경 통치가 느슨해지면서 각지에 '통치되지 않는 지역'이 나타났다. 정부의 탄압이 약해져 '통치되지 않는 공간'에서 자유롭게 활동할 수 있게 되자 이슬람국가를 비롯한 글로벌 지하드 운동과 이슬람주의 과격파 집단들은 활발하게 움직이기 시작했다.

이집트에서는 군부가 쿠데타를 일으켜 무슬림 동포단을 몰아내고 '테러 조직'으로 규정해 지도자와 구성원들을 포괄적으로 구속했는데, 그 대신 '안사르 베이트 알마크디스Ansar Bayt al-Maqdis(예루살렘의 옹호자들)' 같은 무장 집단이 등장해 이스라엘과 팔레스타인의 국경 지대인 시나이 반도에 거점을 두고 우세한 화력으로 군과 치안 부대에 공격을 거듭하게 되었다. 이들은 때때로 수에즈 운하를 건너 수도 카이로를 비롯한 이집트의 주요 도시와 인구 밀집 지대에도 대규모 폭탄 테러를 일으키고 있다.

예멘에서는 살레 정권이 대규모 시위대와 장기간 대치하는 사이에 기존의 남부 분리주의 세력이나 북부 후디스 같은 반란 세력뿐만 아니라 남동부의 '아라비아 반도의 알카에다'나 안사르 알샤리아까지 실질적인 지배 영역을 확립하기 시작했다.

리비아에서는 카다피 정권이 붕괴된 뒤에도 각지의 민병 집단이 무장을 해제하지 않고 각자의 세력범위를 실효 지배하며 할거하는 상황이 이어지고 있다. 선거로 선출된 중앙정부에 해당하는 국민의회는 권한도 명확하지 않고 통치 기구도 빈약하다. 부족이나 도시, 지역주의에 뿌리를 둔 민병 집단의 연합 세력이 이슬람주의 계열과 세속주의 계열로 나뉘어 무장 충돌을 벌이고 있다. 대립하는 무장 집단 연합의 지지를 받는 복수의 의회가 저마다 정통성을 주장하는 바람에 정치 체제와 국민사회의 분열은 깊어지기만 할 뿐이다. 그런 가운데 2014년 10월에 '이슬람 청년자문평의회Majlis Shura Shabab al-Islam'를 자칭하는 조직이 동부의 도시 데르나를 점거하고 이슬람국가와 바그다디에 대한 충성을 표명했다.

시리아에서는 반체제파를 잔혹하게 탄압했지만 그 효과는 미미했다. 오히려 '정의롭지 못한 지배자에 대한 지하드'를 정당시하는 글로벌 지하드주의자의 유입을 초래하는 바람에 내전이 격화·장기화되었다. 아사드 정권은 반체제파가 지배하는 대도시 교외와 북부·북동부의 통치를 일단 포기하고 수도 다마스쿠스 중심부와 아사드 대통령 일족을 배출한 알라위파가 주민의 대부분인 라타키아를 포함한 북서부 등 정권을 굳게 지지하는 지역을 확보해 정권 중추의 생존을 꾀하는 소모전에 돌입했다. 그리고 한정된 병력을 순회시키며 각지에서 순차적으로 토벌 작전을 벌이는 동시에 무차별 공습을 통한 집단적 처벌로 주민들을 반정부 조직으로부터 이반시키려 했지만, 많은 주민이 난민 또는 국내 피난민으로 유출되어 대규모의 인도적 비극을 불렀다.

이렇게 해서 시리아의 동부와 북동부에 '통치되지 않는 공간'이 넓어짐에 따라 국경을 맞댄 이라크 서부와 북부에 세력을 뻗치고 있던 이슬람국가는 전략적인 배후지를 얻었다. 국경 너머 시리아 쪽에 거점을 형성해 피난 장소를 확보하고 훈련과 보급을 한 다음 이라크를 다시 침공할 수 있게 됨으로써 이라크 중앙정부와의 전투에서 이슬람국가의 전략적인 우위가 높아졌다. 2014년 6월의 모술 함락도 시리아의 거점에서 전격적으로 국경을 넘어 공격한 결과였다.

시리아와 이라크의 중앙정부가 약체화되면서 변경 지대에

'통치되지 않는 공간'이 만들어졌고, 그 공간들이 연동되어 혼란을 가속화시켰으며, 나아가 두 공간이 결합하는 사태가 벌어진 것이다.

인접 지대로 확대된 분쟁

이와 같이 각국 변경 지대의 혼란은 인접한 모든 나라에 서로 영향을 주면서 국경을 초월해 결합했고, 그곳에 글로벌 지하드 세력이 관여했다.

리비아에서 북아프리카와 사헬 지대(사하라 사막 남쪽 지역)로 전파된 분쟁이 그 좋은 예다. 리비아의 내전과 카다피 정권의 붕괴에 따른 영향은 리비아 한 나라에 그치지 않고 넓은 범위에 무기와 민병 집단을 확산시키며 테러와 분쟁의 불씨를 뿌렸다. 리비아의 혼란은 알제리와 튀니지에서 알카에다 계열 조직의 활성화와 무장화를 자극했다. 카다피 정권의 무기고와 탄약고에서 탈취된 무기는 이집트를 경유해 시리아 내전의 무장 민병 세력에게까지 넘어갔다고 한다.

또 카다피 정권이 용병으로 고용했던 투아레그인 민병 집단은 정권이 붕괴되자 갈 곳을 잃어 알제리 남부에서 말리 등

사하라 이남 아프리카 국가들에 걸쳐 여기저기 흩어져 있는 투아레그인 영역으로 돌아갔는데, 그들이 가지고 돌아간 무기와 자금이 말리 북부에서 투아레그인의 민족운동을 자극하는 동시에 알카에다 계열 무장조직의 침투를 초래했다.

2012년 1월 말리 북부의 가오 주와 통북투 주, 키달 주, 톱티주 북동부를 투아레그인의 영토인 '아자와드'로 규정하고 독립을 주장하는 반정부 무장조직 '아자와드 민족해방운동MNLA: Mouvement National pour la Libération de l'Azawad'이 독립을 요구하며 중앙정부에 반란을 일으켰다. 그리고 이에 대한 대응을 둘러싸고 불만을 품은 말리군이 3월에 쿠데타를 일으키면서 발생한 혼란에 편승해 세력범위를 확대했다. MNLA 자체는 이슬람주의적인 조직이 아니지만, 알카에다 관련 조직인 '이슬람 마그레브의 알카에다AQIM'와 함께 싸우는 '안사르 알딘Ansar al-Din'이 여기에 가세했다. MNLA와 안사르 알딘은 4월 1일까지 키달과 가오, 통북투 같은 말리 북부의 주요 도시를 제압했고, 4월 6일에는 MNLA가 '아자와드 독립선언'을 발표했다.

그 후 안사르 알딘은 이슬람 국가 수립과 이슬람법(샤리아) 시행이라는 별개의 목표를 내걸고 MNLA와 갈라섰다. 이러한 움직임에 서아프리카 출신자가 중심이 되어 AQIM에서 분파한 '서아프리카의 타우히드와 지하드 운동Jama'a al-Tawhid wa al-Jihad fi Gharb Afriqiya'이 가세했다. 이 조직은 'MOJWA Movement for Oneness and Jihad in West Africa'라는 영어 약칭으로 불리는 경우도 많다. 여기에 AQIM 본체도 개입하면서 말리 북부에서 이슬람주의 과격파 세력과 투아레그 민족해방운동의 전투가 이어지게 되었다.

안사르 알딘과 MOJWA와 AQIM은 2012년 6월 26~27일에 가오와 통북투에서 벌어진 전투에서 MNLA를 격파하고 말리 북부의 주요 지역을 점령했다. MNLA가 주도하는 투아레그 민족해방운동과 말리 중앙정부가 내전을 벌이면서 느슨해진 치안에 편승해 이슬람주의 과격파 세력이 지배 지역을 획득한 형태가 된 것이다.

안사르 알딘 등은 말리 북부뿐만 아니라 말리공화국의 전체 장악과 이슬람법 시행을 목표로 내세우고 세계문화유산으로 지정되어 있는 통북투의 묘지 등을 우상숭배라며 파괴하는 등 원리주의적인 통치를 실시했다. 이렇게 해서 말리가 1990년대 탈레반 정권하의 아프가니스탄이나 현재 이라크와 시리아의 이슬람국가처럼 글로벌 지하드의 성역이 되는 것에 대한 우려가 전 세계적으로 높아지자 2013년 1월 11일에 프랑스가 군사개입을 개시했다. 이에 따라 안사르 알딘 등은 말리 북부 도시의 시가지에서 패배하고 산악 지대로 도망쳐 잠복하게 되었다.

이 분쟁의 불똥은 여기에서 꺼지지 않았다. 프랑스의 군사 개입에 대한 보복이거나 이것을 테러 정당화의 구실로 삼은 듯한 사건이 같은 해 1월 16일에 알제리 동부에서 일어났다. 알카에다 계열의 분파 조직이 알제리 동부 인아메나스의 천연가스 플랜트를 습격해 일본인을 포함한 인질을 다수 구속하고 살해했다. 모크타르 벨모크타르Mokhtar Belmokhtar가 이끄는 '복면 여단al-Mulathameen Brigade'의 소행이었다. 알제리인인 벨모크타르는 1991년에 아프가니스탄에서 말기末期 대소련 지하드에 참가했고, 귀국 후에는 무장 이슬람 집단GIA에서 알제리 정부를 상대로 한 내전에 참전했다. 그리고 GIA에서 분리된 '포교와 전투를 위한 살라피야단GSPC: Groupe Salafiste pour la Prédication et le Combat'과 AQIM을 거친 뒤 2012년 12월 AQIM에서 이탈해 복면 여단을 결성했다.

'아랍의 봄'에서 비롯된 중앙정부의 동요는 변경 지대의 통치를 느슨하게 해 각지에 '통치되지 않는 공간'을 만들었고, 각 변경 지대의 혼란은 서로 영향을 끼치면서 새로운 분쟁이 연쇄적으로 일어났다. 여기에 글로벌 지하드 운동이 개입하면서 혼란은 한층 깊어졌다.

이라크 전쟁이라는 선구적 실험

'이라크·이슬람국가'의 활동가들은 '아랍의 봄' 전개에서 데자뷰(기시감)를 느끼기도 했을 것이다. 2003년의 이라크 전쟁은 '아랍의 봄'을 통해 아랍 국가들의 내부에서 일어난 정권 전복을 외부의 압력으로 일으킨 선구적 혹은 실험적 사건이라고도 할 수 있기 때문이다.

미국의 공격으로 후세인 정권이 붕괴되고 중앙정부가 해체되어 국가와 국민사회의 일체성에 균열이 생겼기에 '타우히드와 지하드단', '이라크의 알카에다', '이라크·이슬람 국가' 등을 자칭하게 되는 일련의 조직이 출현하고 활동할 수 있었다. 다만 테러를 수단으로 한 비대칭 전쟁을 통해 주둔군과 신정부를 위협하는 것이 고작일 뿐, 실체가 있는 '국가'를 수립할 만한 능력은 없었다.

글로벌 지하드 운동은 2001년에 미국이 주도한 '테러와의 전쟁'에서 받은 타격을 2003년의 이라크 전쟁 이후 일어난 분쟁의 혼란 속에서 치유하고 조직과 조직 원리를 쇄신했다. 그리고 2011년에 아랍 각국의 민중 봉기로 정부를 내부에서부터 동요시켜 무질서한 공간이 나타나는 과정에서 이라크 전쟁의 경험을 살려 지배 영역을 비약적으로 확대시킬 기회를 찾아냈다.

예상 밖의 상황

'아랍의 봄'이 가져온 또 하나의 결과는 이슬람주의 온건파가 급속히 대두했다가 실각하면서 만들어진 정치적 공백기에 과격파가 대두했다는 것이다.

제도 내에서의 정치 참여를 통한 개혁으로 이슬람적 이념을 실현하려 하는 무슬림 동포단 등 이른바 '온건파'와 글로벌 지하드 세력은 이슬람적인 사회를 실현한다는 최종 목표에는 별다른 차이가 없지만 정치적으로는 경쟁해왔다. 따라서 온건파가 실각하자 과격파의 신뢰성은 상대적으로 높아졌다.

'아랍의 봄' 발발 초기에는 과격파의 비밀 조직이 아니라 민중의 대규모 시위가 억압적인 정권을 타도했기 때문에 이슬람주의 과격파 세력은 퇴조할 수밖에 없을 것으로 예상되었다. 열린 정치 공간에서 각 세력의 정치 참여가 허용되어 자유로이 경쟁하게 되면 무장투쟁을 지향해온 이슬람주의 과격파의 존재 의의는 사라질 것이라고 판단되었기 때문이다.

그러나 실제 상황은 정반대로 전개되었다.

제도 내 개혁파와 제도 외 무장투쟁파

이슬람주의에는 역사적으로 두 가지 조류가 있다.

그 첫 번째는 선거나 의회 같은 기존 제도의 틀 안에서 정치에 참여해 점진적인 개혁을 진행함으로써 이슬람적 사회와 통치의 실현을 꾀하는, 즉 제도 내에서의 정치 참여와 개혁을 지향하는 조류다. 일반적으로 이들을 '온건파'라고 부른다. 이집트의 무슬림 동포단과 튀니지의 나흐다당은 어느 시기부터 이 제도 내 개혁 노선을 채택해왔다. 그러나 현실적으로는 정치 참여를 허용받지 못하는 경우가 보통이었다. 부분적으로 정치가 자유화되었어도 실제로는 정권 획득이 불가능한 불공정 제도를 통해 사전에 권력 장악을 저지당하고 있거나 최종적으로는 초법적인 수단을 통해 저지될 것임이 예상되어 있었다. 그럼에도 이들 조직은 제도 내에서의 정치 참여를 지향해왔다.

두 번째는 제도 내에서의 정치 참여를 부정하는 제도 외 무장투쟁파의 조류다. 제도 외 무장투쟁파는 근대 서양에서 기

원한 선거나 의회 제도 같은 정치체제는 애초에 이슬람교에
반하므로 위법이라고 주장한다. 또 정치 참여 제도가 있다고
해도 반체제파가 권력을 장악할 수 없도록 자의적인 운용이
나 비합리적인 규제를 통해 배제하므로 기존 제도의 틀 안에
서 정치에 참여하는 것은 무의미하다고 단정한다. 일반적으
로 이들을 '과격파'라고 부른다.

　제도 외 무장투쟁 노선을 채택한 세력들은 근대의 기존 제
도를 알라가 계시한 이슬람법(샤리아)에 바탕을 두지 않은 비
합법적인 것으로 간주해 파괴하고, 7세기 초 이슬람 시대의
이념과 제도를 모델로 삼은 칼리프제 국가를 수립하는 것이
야말로 종교적 의의이며 역사적 필연이라고 주장한다. 근대
적 제도에 순응한 무슬림을 배교자로 단정하는 '타크피르(배
교자 선언)'를 하고 이슬람적이지 않은 법이나 제도에 의거한
무슬림 정치 지도자를 비롯해 이교도와 배교도의 권력에 대
한 무력 지하드를 주장하기 때문에 '타크피르주의자takfiri',
'지하드주의자jihadi'라고도 불린다.

　이 두 가지 조류는 근대적 기원이 같은데도 운동으로서는
서로 대립하며 노선 투쟁을 거듭해왔다.

　참고로, 나는 '온건파'와 '과격파'로 분류하는 데 전적으로
동의하지는 않는다. 어떤 조직의 행동이 온건한지 과격한지

일률적으로 평가할 수 없는 경우가 많기 때문이다. 지극히 평화적인 행동을 지향하던 집단이 정권의 가혹한 탄압을 받자 폭력적인 수단으로 대항하는 상황이 생길 수도 있다.

오히려 당사자의 기본적인 이념이 근대적 제도 안에서의 정치 참여를 통한 정권 획득을 지향하느냐, 아니면 근대적 제도의 합법성이나 타당성 또는 실효성을 부정하고 외부에서 무력으로 제도 자체를 타도해 정권을 장악하려 하느냐를 기준으로 삼아 '제도 내 정치 참여·개혁파'와 '제도 외 무장투쟁파'로 나누는 편이 분석하는 데 효과적인 경우가 더 많다. 다만 특정 시기에 어떤 조직의 자세를 일반적·전반적으로 온건한가 과격한가로 판별하는 것은 어느 정도 가능하며, 당장은 편리한 측면도 있을 것이다.

개혁파의 한계

일시적으로 개방된 정치 공간에서 먼저 대두한 쪽은 이슬람주의의 온건 세력이었다. 튀니지와 이집트, 리비아에서는 구정권의 붕괴를 계기로 자유로운 정치 참여 공간이 넓어져 그때까지 없었던 자유와 공정성을 갖춘 선거가 실시되었다. 이

선거에서는 일단 무슬림 동포단을 비롯해 예전부터 제도 내에서의 정치 참여를 통한 개혁 노선을 채택해온 이슬람주의 온건파가 대두했다.

그러나 통치 능력의 부족과 군부 등 구체제·기득권층의 저항으로 이들의 통치는 벽에 부딪혔다. 심지어 이집트에서는 명백히 무력으로 탄압받고 배제되었다. 이에 따라 제도 외 무장투쟁 노선을 채택해온 세력은 '우리의 주장이 옳았다'는 확신을 굳혔다. 민주화가 가짜였음을 처음부터 간파한, 신뢰성 있는 세력으로 보이기도 했다.

이집트의 쿠데타는 국내뿐만 아니라 아랍 세계 전체에 제도 내 개혁파의 한계를 각인시켰다. "기존의 제도는 위법이며 부패했다. 그리고 제도 내에서의 정치 참여는 아무런 긍정적인 효과도 가져오지 못한다"라는 과격파의 기존 주장에 일정한 신뢰가 쌓이게 된 것이다.

튀니지와 요르단, 사우디아라비아 등 아랍 국가에서 수많은 젊은이가 참가를 희망하며 이슬람국가나 다른 무장 집단을 찾아가는 것도 제도 내 개혁파가 젊은이들의 불만과 활력을 수용하지 못하면서 상대적으로 과격파의 주장에 대한 지지가 높아졌기 때문이다.

분쟁의 종파주의화

강권적인 지배를 이어가던 구 정권이 실각하고 이를 대신할 민주적 정치체제의 발전이 지지부진한 가운데 중앙정부가 약체화되고 변경 영역의 통치가 느슨해지자 이곳에 이슬람주의 과격파가 대두했다. 그사이에 많은 나라에서 종파주의, 부족주의, 지역주의 같은 원초적인 유대가 정치적 결집의 축이 되어 사회 균열을 더욱 깊게 만들었다. 각국의 종파주의 분쟁은 연쇄적으로 발생해 지역 규모의 국제 문제로 비화되는 경향이 있다. 또 분쟁 당사자의 배후에는 각 종파와의 관계를 이용해 영향력을 미치려 하는 지역 대국의 의도가 숨어 있어 대리전쟁 양상이 짙어지고 있다.

시리아 내전의 경우 아사드 정권과 공고한 관계를 맺고 있는 알라위파와 크리스트교파들, 정권과 관계가 깊은 경제 엘리트 및 도시 중산층 세력과 수니파 서민이 대부분을 차지하고 있는 지방 도시·농촌에 침투한 반정부 세력이 대립하는 구도가 되었으며, 후자에 이슬람 과격파 조직들이 침투했다. 예멘의 경우 애초에 구 정권의 붕괴도 부족 연합의 이반이 도화선이 되었으며, 시아파인 후디스와 남부의 분리주의 세력이 중앙정부의 실효 지배를 방해하는 등 부족주의, 종파주의,

지역주의가 복잡하게 얽혀 있다. 리비아에서는 각 지역과 소도시의 무장 집단이 의회와 공항, 석유 관련 시설 등을 실력으로 지배하고 정치적 또는 경제적 권한을 얻으려 하는 혼돈스러운 상황이 벌어지고 있다.

　그중에서도 특히 수니파와 시아파의 종파주의 분쟁은 한 나라에 그치지 않고 이웃나라나 지역 전체에 연쇄 파급되는 경향이 있다. 시리아 내전에서 이란은 알라위파가 요직을 차지하고 있는 아사드 정권을 지원해 레바논의 헤즈볼라와 이라크의 시아파 민병 집단을 보내는 등 군사개입을 진행했는데, 이 행동은 레바논과 이라크 내에서 기존의 종파 간 긴장과 대립을 한층 격화시켜 종파주의 분쟁의 연쇄적 확대를 야기했다. 바레인과 사우디아라비아에서 일어난 시아파 주민의 반정부 항의 행동도 그 진위야 어찌되었든 정부 측에서는 이란의 영향을 받은 종파주의적 분리주의로 받아들이고 있으며, 수니파와 시아파가 서로 종파주의적 수사修辭를 강화해 대립이 격화되는 악순환이 벌어지고 있다.

　종파주의 분쟁의 지역화에는 지역 대국의 개입과 조작이 관여하고 있다. 이란은 지역 국제정치에서 영향력을 행사하는 수단으로 각지의 시아파 세력에 자금과 무기, 인원을 활발히 제공하고 있다. 이에 대항해 사우디아라비아와 아랍에미리트연방 등도 각국의 수니파 정권과 무장세력에 자금과 무기를 원조하고 있다. 이슬람국가에 대해서도 활동의 확대를 어느 정도 불가피하게 받아들이고 이란과 시아파 세력에 대항하기 위한 적절한 수단으로 여겨 개인과 종교 자선단체의 원조나 의용병의 도항渡航을 묵인해왔을 가능성이 있다.

종파주의·부족주의·지역주의의 대두는 중동 지역에서 종파주의 분쟁의 연동과 확산을 불러왔으며, 나아가 지역 대국의 개입과 원조로 대리전쟁이 되어가면서 확대·지속되고 있다. 여기에 이슬람국가 등과 같은 글로벌 지하드 세력이 개입하는 '비옥한 황야'가 만들어진 것이다.

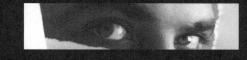

5
이라크와 시리아에 나타난 성역
-'국가'로의 길

각국의 변경 지대에 중앙정부로부터 '통치되지 않는 공간'이 확대되긴 했지만, 현지에는 주민이 있다. 이슬람국가 등 외국인이 다수 포함된 글로벌 지하드 운동 조직의 지배를 일시적이라고는 해도 받아들이고 통치의 말단을 담당하는 현지 주민이 나오지 않았다면 이렇게까지 지배 영역을 확대하지는 못했을 것이다. 가혹하고 원시적인 통치가 불만스럽지만 그들이 없는 것보다는 그래도 낫다고 할 수 있을 만큼 질서가 무너진 상황이거나 현지 주민만으로는 저항할 수 없는 고립무원의 환경에 놓였다면 당장은 이슬람국가의 지배를 감수하는 수밖에 없다.

이라크와 시리아의 일부 지역에서 이슬람국가의 지배를 받아들이기에 이른 과정, 그리고 이슬람국가에 개입할 여지를 제공한 국내 정치의 환경을 살펴보자.

현 체제에 대한 근본적인 불만

2014년 현재 이라크에서 이슬람국가가 확보한 영역 지배 범위는 수니파가 다수를 차지하는 4개 주로 한정되어 있었다. 이슬람국가가 6월에 이라크에서 급속히 지배를 확대하자 국제사회는 바그다드를 점령하거나 이라크 전체를 지배하게 될지도 모른다며 위기감을 높였지만, 이는 지나친 경계였다고 할 수 있다.

이라크는 19개의 주·특별시(2014년 현재)로 나뉘어 있는데 그중 4개 주, 즉 북부의 니나와, 서부의 안바르, 중부의 살라딘과 디얄라는 주민들 중 다수가 수니파다. 이곳에서는 후세인 정권 붕괴 이후의 신체제에 처음부터 반대 입장을 취했다.

한편 시아파가 다수인 남부와 중부의 9개 주(바빌, 바스라, 디카르, 카르발라, 마이산, 무탄나, 나자프, 카디시야, 와시트)에서는 압도적으로 현 체제를 지지하고 있다.

쿠르드인이 주축인 북부 4개 주(다후크, 아르빌, 술라이마니야, 할라브자)도 고도의 자치권을 부여해 쿠르드 자치정부KRG를

구성할 근거를 마련해준 신체제에 지지를 보내고 있다. 당장
은 매우 유리한 연방국 체제의 틀 안에서 내실을 다지고, 만약
이라크가 이 시스템을 버리면 민족자결권을 행사해 쿠르드
의 독립을 달성한다는 것이 쿠르드인 정치 지도자들의 속셈
이다.

온갖 민족과 종파가 섞여 있는 수도 바그다드나, 쿠르드인
이 역사적인 영토라고 주장하지만 다른 민족도 많이 살고 있
는 키르쿠크(구舊 타밈) 주에서도 다수가 현 체제를 지지하고
있다.

현행 헌법에 대한 신임을 묻는 2005년 10월의 국민투표는
종파·민족에 따라 크게 엇갈리는 민의를 명확히 보여주었다.

당시 이라크는 18개 주로 구성되어 있었는데(2014년 3월에
쿠르드 자치정부가 술라이마니야에서 할라브자를 분리해 19개 주가
되었다) 수니파가 다수를 차지하는 4개 주 가운데 3개 주에서
는 반대표가 과반수였다. 특히 안바르 주(반대 96.96퍼센트)와
살라딘 주(반대 81.75퍼센트)에서는 3분의 2가 넘는 압도적 다
수가 반대표를 던졌다. 니나와 주(반대 55.08퍼센트)에서도 과
반수가 반대했고, 디얄라 주(반대 48.73퍼센트)에서는 찬성표
가 반대표를 가까스로 웃돌았다. 헌법 개정 국민투표의 규정
상 3개 주에서 3분의 2 이상의 반대표가 나오면 불신임으로

간주되기 때문에 입헌 절차가 원점으로 돌아갈 뻔한 아슬아슬한 상황이었다.

그러나 쿠르드 3개 주와 시아파 9개 주에서는 90퍼센트 이상의 압도적 다수가 찬성표를 던졌고, 여러 민족·종파가 섞여 있는 바그다드와 키르쿠크 주에서도 다수가 찬성했다.

이와 같이 수니파가 다수를 차지하는 4개 주에서만 현 체제의 성립에 반대하는 국민의 뜻이 강했다. 서부와 북부에서 중부에 걸친 이들 4개 주는 이슬람국가가 급속히 실효 지배의 판도를 넓힌 지역과 일치한다. 수니파는 이라크 인구의 20퍼센트 정도에 불과하지만 바스당의 독재 체제였던 사담 후세인 정권 시절에는 지배 세력에 속했다. 그러나 후세인 정권이 붕괴되고 민주적 선거가 실시된 뒤로 정부의 요직이 시아파와 쿠르드 세력에 다수 분배되자 현 체제에 강한 거부감을 품게 되었다. 현 체제의 국가 구성 원리와 이에 의거해 탄생한 정권에 대한 강한 거부감에서 이슬람국가의 지배까지 받아들이거나 용인하는 심정이 되었다면 이 문제를 해결하는 데는 상당한 어려움이 따를 것이다.

수니파에 불리한 연방제와 의원내각제

2005년 헌법이 규정한 이라크의 현 체제를 떠받치는 제도적인 골격은 연방제와 의원내각제다. 연방제가 도입되면서 쿠르드 세력은 북부 3개 주(2014년부터는 4개 주)에 '쿠르드 자치정부'를 수립하고 고도의 자치권을 법적으로 보장받아 독자적인 대통령과 총리를 갖게 되었으며, 중앙정부에서도 대통령이나 외무장관 같은 요직을 배분받게 되었다.

시아파는 인구상의 우위를 바탕으로 의회에서 다수 세력의 자리를 거의 항구적으로 차지해 총리직을 독점할 수 있게 되었다. 또한 쿠르드 세력과 연합해 절대다수를 확보함으로써 현행 체제의 근간을 이루는 제도 변경을 저지할 수 있는 거부권도 확보하고 있다.

수니파의 대부분은 이런 제도에 근본적으로 불만을 품어왔다. 2014년 4월 20일에는 미군 철수 후 첫 총선거가 실시되었는데, 말리키 정권의 우위를 무너뜨리지 못함에 따라 현행 제도의 틀 안에서 상황을 개선하기는 불가능함을 많은 수니파가 인식하기에 이른 것으로 보인다.

이라크의 연방제와 의원내각제의 문제점은 의회가 단원제이고 종파 간의 균형을 꾀하기 위한 비례 원칙이 적용되지 않으며 다수결의 원칙에 따라 운영되고 있다는 것이다. '대통령 평의회'를 구성하는 부통령직이 수니파에도 할당되어 있지만, 대통령 평의회는 실권이 없다. 총리와 행정권을 나눠 가진 것도 아니고 입법부의 상원에 해당하는 기능을 하는 것도 아니다. 단순한 협의 기관에 불과하다.

2011년 12월, 누리 알말리키Nouri al-Maliki 총리는 무장세력에 관여했다는 혐의로 타리크 알하시미Tariq al-Hashimi 부통령에 대해 체포 영장을 발부했다. 하시미 부통령은 쿠르드 자치 정부에 일단 몸을 숨겼다가 국외로 떠나 망명 생활을 할 수밖에 없었다. 이 사건을 보면 총리의 권한이 독보적으로 강력하고 대통령 평의회의 견제 권한이 빈약한 것은 분명하다고 할 수 있다.

대규모 증파와 '이라크의 아들'

'이라크의 알카에다'와 '이라크·이슬람국가'는 이와 같은 불만과 소외감이 커진 수니파 주민들에게서 일정한 지지와 참가를 확보하고 반미 무장투쟁을 활발히 펼쳤다. 이에 미국의 부시 정권은 계속되는 치안 악화에 제동을 걸기 위해 2007년 1

월에 2만 명이 넘는 대규모 증파를 결정했고, 최종적으로 2만 8,000명이나 되는 증원 부대를 이라크로 보냈다.

미군은 증강된 병력으로 안바르 주와 니나와 주, 디얄라 주 등지에서 무장 민병 집단 토벌 작전을 펼쳤을 뿐만 아니라 현지의 수니파 주민과 부족 지도층의 포섭을 꾀했다. 이때 이라크 측에서는 '이라크의 아들'이라고 불리는 수니파의 자경단이 중요한 역할을 맡았다. 미국은 부족 세력과 전직 군인들로 구성된 자경단을 조직하고 지도층을 '이라크 사흐와(각성) 국민평의회' 등의 이름으로 불리는 연합 조직으로 결집시켜 알카에다 계열 무장조직의 침투에 저항하게 했다. 또한 말리키 정권에 요구해 '이라크의 아들'을 정부 계열 민병 집단으로 편입시키고 미군과 정부군이 벌이는 토벌 작전의 현지 동맹 세력으로 삼았다.

현지의 수니파 지도자들 사이에서도 외국인을 다수 포함하고 이라크의 질서가 붕괴되든 말든 글로벌 지하드의 승리만을 지향하는 알카에다에 반발하는 움직임이 있었던 것 같다. 미국은 '이라크의 아들'을 알카에다로부터 떼어놓고 이라크 국민 의식의 유대를 강화해 중앙정부의 통치에 편입시키기 위한 국가 형성·국민 통합도 추진한 것이다.

증파를 통한 압도적인 군사력과 '이라크의 아들' 편입 등 군사적 압력과 정치적 융화책의 양면을 구사한 '대규모 증파' 는 2008년까지 어느 정도 효과적이었고, 테러 건수도 감소세 로 돌아섰다.

말리키 정권의 종파주의적 정책

대규모 증파의 성과에 입각해 오바마 정권이 2011년에 미군 의 완전 철수를 완료하자 '이라크·이슬람국가'는 되살아났 다. 그 배경에는 말리키 총리의 실정失政이 자리하고 있었다. 미군이 전면 철수함에 따라 미국의 압력을 신경 쓸 필요가 없 어진 말리키 총리는 '이라크 사흐와 국민평의회' 등과의 약속 을 파기하고 그 산하 민병들의 급여 지급을 중단했다. '이라 크의 아들'을 들판으로 내쫓은 것이다.

또한 반정부 세력뿐만 아니라 정권 내의 수니파 세력에도 테러 지원 혐의를 씌워 기소하거나 쫓아냈다. 이렇게 되자 박 해를 받았다고 느낀 수니파 세력은 미군의 증파 이전보다 더 강한 적의와 증오심을 이라크 정부와 군부대에 품게 되었다. 과거에는 미국이나 다국적군에 군대를 보내는 동맹국 사람 들에게 향했던 테러가 이라크 정부로 향하게 된 것이다.

후세인 정권 잔당의 유입

'이라크·이슬람국가'는 들판으로 내쫓긴 '이라크의 아들'만 흡수한 것이 아니다. 구 후세인 정권의 군·정보기관 관계자를 지도부에 다수 영입했다.

2010년 5월 '이라크·이슬람국가'의 아미르(지도자)에 취임한 바그다디는 후세인 정권 시절의 군인들 중 다수를 부관으로 임명했다. 설립 초기에 요르단과 이집트, 시리아 같은 아랍 국가에서 유입된 외국인을 지도층에 많이 포함시켰고 알카에다의 산하에 들어가 국제적인 지하드를 외쳤던 '이라크·이슬람국가'가 이라크 토착 정치 세력의 성격을 강화한 것은 바로 이때부터였다.

토착화를 진행하던 '이라크·이슬람국가'는 영역 지배를 위해 세력을 확대할 때 구 후세인 정권 간부의 비밀 조직과 긴밀한 관계를 맺었던 것 같다. 이때 소문이 무성했던 조직이 '나크슈반디 교단군JRTN: Jaysh Rijal al-Tariqa al-Naqshbandiya; The Army of the Men of the Naqshbandi Order; 약칭 Naqshbandi Army'이다. 이 조직에 관한 정보는 자세히 알려져 있지 않지만, 미국이 후세인 정권을 타도할 때 추적을 피한 정권 간부가 지하로 숨어들어 신비주의 종파인 나크슈반디 교단의 네트워크를 이용해 연락과 결속을 유지하면서 결성된 것으로 보인다. 후세인 정권에서 제3인자인 혁명평의회 부의장을 맡았고 2006년 12월에 후세인이 처형된 뒤 이라크 바스당의 당수가 된 이자트 이브라힘 알두리Izzat Ibrahim al-Douri가 은신처에서 이 조직을 지도한 것으로 생각되고 있다. 구 후세인 정권의 간부로 구성된 나크슈반디 교단군이 관여함에 따라 이라크 각지의 점령과 시리아에 대한 월경越境 작전이 이전보다 효과적으로 계획·입안되는 동시에 이라크와 시리아의 지배 지역에 독재적이고 가혹한 바스당식 통치 수단이 도입되었을 가능성이 있다. 또한 구 바스당 세력이 이슬람국가를 앞세워 지배권을 되찾으려 하고 있을 가능성도 있다.

'아랍의 봄'과 시리아의 아사드 정권

2011년 말의 미군 전면 철수를 계기로 이라크 중앙정부와 수니파 세력의 관계가 악화되고, 이에 편승해 '이라크·이슬람국가'가 세력을 회복하는 가운데 이웃나라 시리아의 내전 격화로 또다시 상황이 바뀌었다.

튀니지와 이집트의 정권을 무너뜨린 '아랍의 봄' 물결이

2011년 3월에는 시리아에도 도달했다. 남부의 다라에서 시작된 시위는 대도시의 교외와 지방 도시까지 확산되었다. 이에 대한 아사드 정권의 대응은 다른 아랍 국가와 비교조차 되지 않을 만큼 잔혹했다. 정권 타도를 주제로 한 노래를 작사·작곡해 부른 가수가 목이 찔려 살해되는 등 탄압의 강도가 극에 달했다. 그 결과 2011년 1년 사이에 반체제 항의 행동의 일부는 무장투쟁으로 바뀌어갔다.

그러나 마을 단위로 결성된 반정부 세력은 단결하지 못했다. 서방 세계나 페르시아 만 산유국의 지원을 받기 위해 결성된 '시리아 국민연합'은 외국에서 활동하는 이들이 많은데다 현지와의 연계성이 약했으며 각자 배후의 지원국에 동조하느라 내분이 끊이지 않았다.

또한 탈주병들을 모아서 결성한 세속적인 반체제파 무장 조직 '자유 시리아군'은 실력이 떨어지는 탓에 점차 수니파의 이슬람 계열 조직이 반아사드 정권 무장투쟁을 주도하게 되었다. 무장 집단의 주축은 시리아의 토착 세력이었지만 의용병도 다수 유입되었다. 대부분은 인근 아랍 국가에서 건너온 젊은이로, '아랍의 봄'을 통해 고양된 정의감과 아사드 정권을 타도하기 위한 싸움에 참가한다는 영웅심이 원동력이었다. 그리고 분쟁이 장기화되는 가운데 체첸과 아프가니스탄,

코소보에서 분쟁에 관여했거나 훈련을 받은 경험이 있는 고참 병사들도 유입되기 시작했다. 시리아의 혼란이 글로벌 지하드 세력에 활약할 장소를 만들어준 것이다.

아사드 정권은 러시아의 일관된 비호로 유엔 안전보장이사회의 제재 결의를 회피하고 이란으로부터 무기와 인원을 지원받았다. 그리고 레바논의 헤즈볼라와 이란 정권 산하의 민병 집단이 주요 전투에 참가해 수니파가 주축인 반정부 무장 집단과 싸움으로써 시리아 내전은 종파주의적 양상을 띠어갔다. 국제적인 정통성을 크게 잃고 국토의 많은 부분에 대한 실효 지배권을 잃거나 포기한 아사드 정권 또한 주권국가를 통치하는 정부라기보다는 정권 중추와 굳건한 지지층이 살아남는 것을 최우선 목표로 삼는 '최강의 민병 집단'으로 변모했다.

시리아의 전략적 가치

시리아 내전은 이라크 정부와 싸우는 '이라크·이슬람국가'에 유리한 조건을 제공하게 되었다. 이라크 서부와 북부를 거점으로 삼아온 '이라크·이슬람국가'가 국경을 맞대고 있는 시리아의 동부·북동부에서 북부에 걸친 광범위한 지역을 거점으로 삼음으로써 '전략적인 깊이'를 얻은 것이다. 무장 집단은 국경 지대를 자유롭게 왕래하며 활동하지만 이라크 정부는 국경을 넘어서 무장 집단을 추적할 수가 없다. 국경을 넘어서 시리아 쪽에 거점을 형성한 뒤 피난 장소와 자금 또는 무기를 조달하기 위한 훈련·발신 기지를 확보함으로써 '이라크·이슬람국가' 쪽에 크게 유리한 상황이었다.

알카에다 계열 지하드 전사들이 이라크와 시리아 사이를 오가기 시작한 것은 사실 시리아 내전 때부터가 아니다. 이라크 전쟁 이후 반미 무장투쟁을 위해 외국에서 유입된 지하드 전사들 중 상당수가 시리아에서 건너왔는데, 아사드 정권은 이를 묵인했다. 아사드 정권은 미국의 이라크 통치가 정상 궤도에 오르면 '무력 정권 전복을 통한 민주화'라는 모델이 성립해 언젠가 시리아도 그 대상이 될 수 있다고 생각했다. 그래서 이라크의 전후 처리와 신정부 성립 과정을 방해하는 편이 자신들에게 유리하다고 판단했던 것이다.

또 국내에 내버려두면 반정부 활동을 펼쳐서 정권에 위협이 될 수 있는 이슬람주의 과격파를 외국의 지하드에 보냄으로써 골칫거리를 제거하려는 의도도 있었는데, 이것은 시리아뿐만 아니라 사우디아라비아나 이집트 등 아랍 각국의 정권이 사용해온 상투적인 수법이었다.

시리아에서 다수를 차지하고 있는 수니파의 교리에 따르면, 알라위파는 이단이기 때문에 정권을 상대로 지하드를 일으킬 위험성이 상존한다. 따라서 이를 피하기 위해서라도 대미 지하드를 지원하는 자세를 취하거나 지하드주의자를 국외로 향하게 하는 것은 정권의 자기방위에 효과적인 수단이었다.

'이라크·이슬람국가'의 주요 구성원들 중에는 시리아 출신이거나 시리아를 경유해 참가한 이들이 다수 섞여 있었는데, 그중에서도 두드러진 인물이 아부 모하마드 알자울라니Abu Mohammad al-Jawlani다. '자울라니'라는 통명은 '줄라니al-Julani' 또는 '골라니al-Golani'로도 발음된다. 이것은 시리아의 고란고원 출신임을 의미한다. 여기에서는 일반적으로 자주 사용되는 '골라니'라고 부르겠다. 골라니는 자르카위나 바그다디 등 역대 지도자들과의 관계가 두터웠다고 알려져 있으며, '이라크·이슬람국가'의 외국인 지도자들 중 한 명이다.

전투원의 역류

2011년 시리아에서 일어난 반체제 운동이 급속히 군사적 대립 양상을 띠어가자 '이라크·이슬람국가'는 개입과 거점 형성을 꾀했다. 이미 8월에는 시리아인 구성원이 시리아에서 활동하기 시작했던 것으로 추정된다. 이때 시리아의 지부에서 지도적 위치에 오른 이가 골라니였다. 골라니는 시리아 북부에서 '누스라 전선'을 결성하고 사우디아라비아 등 아랍 국가들에서도 전투원을 모집해 반아사드 정권 무장투쟁에서 두각을 드러냈다.

'누스라'는 이슬람교 초기의 전투에서 승리를 위한 '지원'을 의미한다. 무함마드 등이 다신교도들과 대립해 메카에서 메디나로 이주(히즈라)했을 때 메디나에서 무함마드 등을 지배자로 맞이하고 지원해 지하드를 승리로 이끈 자들은 이슬람교의 교리·규범 체계에서 매우 높은 가치를 부여받고 있다. 이때 무함마드를 따라 이주hijura한 사람들을 '무하지룬muhajirun'이라 부르고, 그들을 받아들여 '지원nusra'의 손길을 내민 사람들을 '안사르ansar'라고 부른다. 종교적인 규범 체계 속의 관념에서 조직명을 선택함으로써 세계의 무슬림들에게 종교적인 정통성을 주장한 것이다.

누스라 전선은 시리아의 반체제 무장조직 중에서 가장 크고 통제가 잘되는 조직으로 유명해졌다. 그러나 누스라 전선과 '이라크·이슬람국가' 사이에 골이 생기기 시작했다.

누스라 전선이 아사드 정권 타도를 목표로 삼는 시리아인 주체의 집단이 되어간 데 비해 '이라크·이슬람국가'는 이라크인이 주체가 되어 이라크 정권을 타도하고 수니파의 지배적 지위를 회복한다는 목표하에 시리아의 조직을 자신들의 목적을 이루기 위한 하부 조직으로 취급했다. 이것이 두 조직의 반목을 낳은 근본 요인일 것이다. 글로벌 지하드의 이념에 매료되어 찾아온 외국인 전투원 중 대다수가 '이라크·이슬람국가'에 배치되어 시리아 내에서 아사드 정권 타도와 직접적인 관계가 없는 소수파 학대나 잔혹함을 과시하는 행위를 한 것도 누스라 전선의 이탈을 가속화시켰다.

난립하는 이슬람 계열 무장세력

누스라 전선은 '이라크·이슬람국가'와 거리를 두는 한편 시리아의 토착 이슬람 계열 무장 집단의 선두 조직으로 대두했다. 시리아 내전 과정에서 서방 세계와 터키의 지원을 받은 세속적인 자유 시리아군과 경쟁하며 이슬람 계열 무장조직이 다수 출현했다. 이들 조직에는 사우디아라비아 등 페르시아 만 산유국 정부와 부유층의 금전적 지원이 흘러 들어온 것으로 보인다. 누스라 전선이 이런 집단들과 함께 활동하지는 않았지만, 아사드 정권과 전투를 벌일 때는 종종 협조하기도 했다.

2013년 4월에는 '이라크·이슬람국가'와 누스라 전선, 그리고 이들을 상부에서 총괄하고 있음이 분명한, 자와히리가 은신처에서 이끌고 있는 알카에다 중추의 불협화음이 표면화되었다.

먼저 4월 7일에는 자와히리가 인터넷상에 육성 메시지를 발표해 "시리아에 이슬람국가를 건설하라"고 호소했다. 그러자 4월 9일에 '이라크·이슬람국가'의 바그다디도 육성 메시지를 발표해 시리아의 누스라 전선과 합동으로 '이라크·샴 이슬람국가'를 결성한다고 선언했다. 그러나 이튿날인 10일, 시리아에서는 누스라 전선의 골라니가 육성 메시지로 누스라 전선이 '이라크·이슬람국가'에 흡수 합병되어 '이라크·샴 이슬람국가'로 통합된다는 이야기를 부정했다. 그와 동시에 알카에다 중추의 자와히리에게 충성을 맹세했다. 요컨대 이라크의 바그다디 산하에는 들어가지 않지만 알카에다의 관련 세력으로는 이름을 올리겠다는 것이다. 이라크 조직의 통제 하에 들어가는 것을 거부하고 시리아 내전에서 반아사드 정권 투쟁을 우선하지만, 동시에 알카에다의 글로벌 지하드 운동의 일익을 담당한다는 복잡한 입장이다.

'이라크·샴 이슬람국가'와 누스라 전선이 경쟁하는 가운데 다른 이슬람 계열 조직의 통합 움직임도 진행되었다. 가령 2013년 11월 22일에는 알카에다와 직접적인 관계가 없는 이슬람 계열 무장조직이 합동해 '이슬람 전선al-Jabha al-Islamiya'를 결성한다고 발표했다. 여기에는 아랍인 주체의 주요 이슬람 계열 무장조직 여섯 개와 쿠르드인 주체의 이슬람 계열 민병 집단 한 개가 참여했다.

타우히드 여단Liwa' al-Tawhid : 알레포 거점

샴의 자유인Ahrar al-Sham : 살라프주의

샴의 매Suqur al-Sham : 북부 이들리브 거점

진실의 여단Liwa' al-Haq : 중부 홈스 거점

샴의 옹호자들Ansar al-Sham : 북서부 라타키아 주변 거점

이슬람군Army of Islam : 다마스쿠스 거점

쿠르드·이슬람 전선Kurdish Islamic Front

이때 결성된 '이슬람 전선'은 2012년 12월부터 2013년 11월까지 존재한 '시리아·이슬람 전선'이 해산하고 그 주요 세력이 다시 다른 세력을 규합해 만든 것이다. 시리아를 무대로 활동하는 이슬람 계열 무장세력은 누스라 전선과 경쟁하면서도 함

께 싸우는 경우가 많다. 한편 서방 세계에 의존하는 자유 시리아군은 이슬람 계열 조직들과 그 연합체의 압박을 받아 지배 영역이 축소되어갔다.

'이라크·이슬람국가'의 시리아 진출

시리아로 보내진 골라니와 누스라 전선이 2013년에 이라크의 모체 조직으로부터 자립해 현지의 반체제 세력과 협조하며 반아사드 정권 투쟁을 벌이는 가운데, 이라크 쪽의 조직은 직접 시리아 내전에 개입해 시리아 내부에 거점을 형성하고 세력범위를 확대해나갔다. 2014년 6월에 모술을 점령해 이라크 정부군으로부터 고성능 미제 병기를 다수 포획한 이슬람국가는 그 위력을 이용해 시리아의 북부 도시 라카의 지배권을 굳히고 신설한 '샴 주'의 주도州都로 선언했다. 또한 시리아 동부와 북동부에 지배 지역을 넓혔으며 동부의 도시 데이르에조르도 거의 점령했다.

　이슬람국가가 시리아에서도 영역 지배의 범위를 넓힐 수 있게 된 배경에는 다수의 무장 집단이 뒤섞여 싸움을 반복하는 상황에 거부감을 느끼고 정부의 무차별 공습을 두려워하는 시리아 변경 지대 주민들의 감정도 작용한 것으로 보인다. 아사드 정권은 적어도 초기에는 이슬람국가의 진출 지역에 공습을 삼가는 경향이 있었다. 아사드 정권은 이슬람국가를 정부 대신 반정부 세력을 청소해주는 편리한 존재로 받아들였을 가능성이 있다. 또한 이슬람국가의 진출은 이슬람 과격파의 성장을 두려워하는 서방 각국에 정부의 존재 가치를 알리는 근거도 된다. 전반적인 질서의 불안정화와 각 세력의 속셈을 배경으로 이슬람국가는 시리아 진출의 교두보를 확보한 것이다.

　시리아에 형성한 거점은 바그다디 등 이라크의 무장 민병 집단에 여러 가지 이점을 제공한다. 먼저 이라크 정부군이나 쿠르드 민병 집단인 페쉬메르가와의 전투를 위한 거점이 되고, 피난 장소나 훈련 캠프로 사용할 수 있을 뿐만 아니라 유전을 점령해 원유를 밀수출하거나 인질을 잡아 몸값을 뜯어내는 등의 자금원도 된다. 무기 조달 경로도 열린다. 그리고 반아사드 정권 무장투쟁을 위해 모인 용병단을 자신들의 조직에 편입해 용병이나 자폭 테러 요원으로 활용할 수도 있다.

이슬람국가의 자금원

다만 이슬람국가의 자금원에 관해서는 여러 가지 설이 난무하며 이 조직을 실제보다 거대하게 보이도록 만들고 있을 가능성이 있다. '세계에서 가장 부유한 테러 조직' 같은 흥미 위주의 문구가 사람들의 입에 오르내렸는데, 모술을 함락했을 때 각 은행 지점의 금고에서 4억 2,500만 달러를 강탈했다는 등과 같은 이야기가 그 근거로 제시되곤 한다. 지배 지역의 원유나 정유소에서 올리는 수익을 계산하려는 시도도 활발히 진행되었다. 또한 사우디아라비아 등 부유한 페르시아 만 산유국이 뒤에서 지원하고 있다는 설도 무성하다.

그러나 이런 소문에는 의문이 남는다. 모술 함락 직후에 이슬람국가의 자금원을 둘러싸고 난무한 보도들은 이슬람국가가 장악한 영역 전체의 경제 규모나 영역 내에 존재하는 시설의 자산 가치를 그대로 이슬람국가의 자금 액수로 추산하는 식의 불확실한 방법에 바탕을 둔 것이 많다.

은행에서 거액을 강탈했다는 이야기는 그 후 니나와 주지사가 부정했고, 석유 밀수출도 시장 가격의 4분의 1 같은 극단적인 덤핑 가격으로 플라스틱 기름통이나 호스 같은 원시적인 시설을 사용해 조금씩 거래되고 있을 뿐이다. 토착 밀수

업자로부터 이슬람국가가 징수할 수 있는 세금은 여기에서도 일부에 불과하다.

　사우디아라비아가 자금원이라는 설은 일반적인 이슬람 계열 무장세력에 흘러 들어가는 자금과 이슬람국가의 자금을 혼동한 것으로 시리아나 이란, 러시아의 의도적인 흑색선전의 영향을 노골적으로 받고 있다. 사우디아라비아 정부의 자금이 직접 이슬람국가에 공여되고 있다고는 생각하기 어려우며, 설령 사실이라 해도 지하드를 지원하는 종교 기부 재단을 경유한 개인의 기부일 것이다.

　이렇게 보면 이슬람국가가 영역 국가를 지속적·안정적으로 통치하고 민생을 안정시키며 경제를 재건해나갈 수 있을 만큼의 자금원을 확보했다고 말하기 어렵다. 그러나 이라크와 시리아에 지배 영역을 확보함으로써 강력한 토착 무장 집단으로서, 또 글로벌 지하드 운동을 조직해 각지에서 테러나 모략 활동을 지속적으로 벌일 수 있을 만큼의 자금원은 충분히 확보했다고 할 수 있다.

　이슬람국가는 자금 측면에서 ①지배 지역에서 붙잡은 인질을 이용한 몸값 강탈, ②석유 밀수업자 등 시리아나 이라크의 지역 경제·지하경제로부터 공납 징수 같은 '약탈 경제'의 영역을 넘지 못하고 있다.

중요한 점은 약탈로 꾸려나갈 수 있는 정도의 조직이라는 사실이다. 그렇기 때문에 국제적인 자금원을 끊으려는 노력도 단기적으로는 큰 효과를 기대하기 어렵다. 석유 등의 밀수출도 이슬람국가가 대두하기 전부터 시리아에서 터키에 걸쳐 지역 업자들이 타락한 고위 관리의 묵인하에 있었던 것이며, 지배권을 빼앗은 이슬람국가가 그 권익을 이어받았을 뿐이다.

　외화가 부족한 시리아는 어떤 세력이 지배하든 자국 동부의 유전에서 석유를 파는 수밖에 없다. 미국이 시리아 동부의 유전 시설을 공습하자 아사드 정권의 지배 지역에서 연료 가격이 상승했는데, 이것은 이슬람국가의 자금원이 지역 경제에 기인하고 있다는 증거다. 또 경제 수준과 물가에 격차가 있는 터키와 시리아 사이에는 필연적으로 밀수 경로가 성립할 수밖에 없다. 2014년 10월 23일 미국의 재무차관(테러·금융범죄 담당) 데이비드 코언David Cohen의 말에 따르면 원유 밀수출로 거둬들이는 수입은 하루에 약 100만 달러, 몸값은 연간 2,000만 달러 이상에 이를 가능성이 있다고 한다.

　이슬람국가는 이런 비합법적 수단을 동원해 얻은 현금으로 장비를 구입하기도 하지만, 대부분의 경우 이라크와 시리아의 정부군 또는 민병·무장조직으로부터 포획한 무기를 사용하고 있는 것으로 보인다. 2014년 6월 이라크 북부의 정부 군이 도주하면서 미국이 공여한 최신예 병기가 이슬람국가 의 손에 넘어갔는데, 이를 통해 시리아 동부와 북동부에서의 상황이 단숨에 이슬람국가에 유리하게 전개된 것으로 여겨 진다.

토착화되는 알카에다 계열 조직

2013년 4월에 '이라크·이슬람국가'와의 조직 합병이 좌초된 이후 누스라 전선은 이라크 쪽 조직의 개입을 거절하게 되었 다. 알카에다의 중추인 자와히리도 누스라 전선의 자세를 지 지하며 '이라크·샴 이슬람국가', 그리고 이슬람국가로 변화 한 바그다디 산하의 조직과 거리를 두었다. 시리아의 반정부 세력의 지배 지역에서는 이슬람국가와 누스라 전선이 격렬 하게 충돌하고 서로를 배교자라며 비난하는 상황까지 벌어 졌다. 현재 시리아의 반정부 세력 사이에서는 누스라 전선을 강력히 지지하며, 함께 협력해 이슬람국가의 공격을 물리치 려는 움직임도 있다.

　이슬람국가와 누스라 전선의 대립 원인으로 바그다디와

골라니라는 지도자 사이의 불화나 경쟁의식을 꼽는 이들도 있다. 분명히 그러한 점도 있겠지만, 근본적으로는 이라크와 시리아의 투쟁 중 어느 쪽을 우선하느냐는 전략 목표의 상이함에서 기인한다. 각자의 고국에서의 권력 쟁취나 영역 지배가 현실화되지 않은 단계에서는 글로벌 지하드라는 추상적인 공통 목표로 일치단결할 수 있었지만, 각자의 나라에서 정권 타도 투쟁을 지도하게 되자 출신과 귀속 사회의 차이가 문제가 되었다고 할 수 있다.

역사를 되돌아보면 바그다드를 거점으로 삼는 아바스 왕조가 다마스쿠스를 거점으로 삼는 우마이야 왕조를 멸망시켰듯이, 이라크와 시리아에는 별개의 정체성이 있다. 국경을 맞댄 변경 지대의 경우에는 일체성이 있지만 나라 전체나 수도끼리는 함께 존재할 수 없는 고유성과 독자성을 지니고 있다.

이슬람국가가 2014년 6월에 모술을 점령하고 지도자의 칼리프 취임을 전 세계에 선언해 위상을 높인 뒤로는 누스라 전선에서도 이슬람국가에 합류하고 싶어 하는 세력이 나타나, 시리아의 반체제 세력과 깊이 협력해 아사드 정권을 타도하는 것이 목표인 세력과의 노선 대립이 표면화되어갔다. 지리적으로 보면 동부의 데이르에조르와 북부의 라카처럼 이라크 국경과 가깝고 문화적으로도 연속성과 공통성이 있는 지역에서는 누스라 전선의 세력도 이슬람국가에 흡수되어가는 추세다. 반면 알레포 북부나 이들리브 주 등 시리아의 중심 또는 터키와 가까운 동지중해 연안 권역에 속하는 지역의 세력은 누스라 전선의 독자적인 활동을 전개하며 아사드 정권과의 투쟁을 최우선 과제로 삼고 있다.

'이슬람 전선'처럼 '이라크·샴 이슬람국가'의 시리아 개입을 반대하던 세력에서도 그들이 이라크에서 약진하고 칼리프제를 선언한 뒤에는 이슬람국가에 가입하기를 바라는 구성원과 이에 반대하는 구성원 사이에서 내부 분열이 가시화되고 있다.

이슬람국가와 누스라 전선의 공통점은 글로벌 지하드 운동이 각각의 환경이나 분쟁에 적응한 뒤 토착화되어 지역에 뿌리를 내렸다는 것이다. 이라크에서는 종파주의적인 대립의 격화를 배경으로 수니파 주체의 구舊 군·정보기관과 바스당 관계자가 이슬람국가에 가담하거나 지원·동맹 관계를 맺고 권력 탈환을 노리는 중이다. 시리아에서는 내전으로 국토의 광대한 면적에서 통치의 손길이 사라짐에 따라 아무리 가혹하게 통치하더라도 치안만 확보해준다면 일정 기간 동안 감수하겠다는 심리가 일부 주민들 사이에서 생겨난 것 같다.

미국은 공습이나 현지 동맹 세력의 지원을 통해 이슬람국가의 확대 속도를 늦추고 지배 영역을 축소시킬 수는 있을 것이다. 그러나 정권의 가혹한 탄압과 국민사회의 깊은 균열, 끔찍한 내전의 소용돌이가 지속되는 한 근본적인 문제 해결은 기대할 수 없다. 문제는 시리아나 이라크의 중앙정부에 그런 해결책을 주도하고 실행할 능력이 있느냐다. 각국의 반체제 세력도 현 정권을 대체할 만한 능력이나 자질을 갖추고 있지 못하다. 이슬람국가 자체를 붕괴시킬 수는 있어도 그 후에 무질서·혼돈 상태가 계속된다면 명칭과 형태만 다를 뿐 똑같은 성격을 띤 세력이 다시 출현할 가능성을 부정할 수 없다.

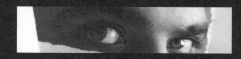

6

지하드 전사의 결집

이슬람국가에 쏠리는 관심 중 하나는 외국에서 건너온 지하드 전사가 다수 포함되어 있다는 점이다. 그들은 어떤 이념에 이끌려 전장에 나타난 것일까? 이라크와 시리아의 분쟁 지역에서 토착화를 진행한 이슬람국가의 구성원들 중 외국인 전투원이 어느 정도의 비율을 차지하고 있으며, 어떤 역할을 맡고 있는지에 관해서는 신중하게 검토해야 한다.

많은 이들의 관심을 모으고 있는 서양 출신자의 경우도 실제 규모와 성격을 파악할 필요가 있다. 서양 출신자를 전면에 내세워 서양 미디어의 관심을 높임으로써 보도를 늘리는 것 자체가 이슬람국가의 선전 전략이기도 하기 때문이다.

용병이 아닌 의용병

분쟁에 외국인 병사가 투입되는 것은 인류 역사에서 보편적으로 나타나는 현상이므로 이것 자체는 놀랄 만한 일이 아니다. 근대국가는 국민으로 구성된 군을 편성하고 무장과 선전포고를 국가의 배타적인 권리로 삼았지만, 그 원칙이 철저히 적용되지 않는 지역은 세계에 폭넓게 존재한다. 프랑스처럼 근대국가 이념의 원형을 제시한 나라조차 그 이념과 모순되는 '외인부대'를 보유하고 있다.

이슬람국가를 비롯한 글로벌 지하드 운동 세력에 모여든 전투원들의 특징은 대부분 개인적으로 참가했다는 것이다. 용병을 징집해서 파견하는 명확한 조직이나 회사가 있지 않다. 뒤에서 자세히 살펴보겠지만, 이것은 지하드와 관련된 '이주자(무하지룬)'나 '지원자(안사르)' 같은 종교적인 규범 체계와 깊은 관계가 있다. 이런 규범 체계가 이슬람교도 사이에서 널리 받아들여지고 있기 때문에 특별히 조직적인 모집이나 교육·훈련을 하지 않아도 그 체계에 입각해 자신들의 처지나 역할을 인식한 일정수의 개인이 자발적으로 분쟁 지역에 모여들어 지하드 전사 집단을 형성하는 것이다.

참가 지원자를 알맞은 조직에 연결시켜주는 중개인은 있

다. 그런 중개인들 중에는 수수료를 받는 이도 많겠지만, 원칙적으로는 자원봉사 형태다. 실제로 참가를 희망하는 전투원이 많고 전투원을 받아들일 무장 집단도 다수 존재하기에 이들을 서로 연결하는 사업이 자연스럽게 형성되었을 뿐, 순진한 젊은이가 꼬임에 넘어가 전투원으로 팔리고 있다거나 돈을 목적으로 무장조직이 결성되는 것은 아니다. 물론 기부를 노리고 가짜 무장세력을 만드는 자들도 나타났지만, 그것은 어디까지나 파생된 현상에 불과하다.

이와 같이 외국인 전투원은 기본적으로 자발적인 의사로 건너온 이들로 구성된다. 가난해서 먹고살 길이 막막한 나머지 일자리를 찾아 분쟁 지역으로 갔거나 빚을 갚지 못해 무장집단에 팔려간 사례가 전혀 없다고 단언할 순 없지만 일상적인 것은 아니다. 급여가 높지도 않고, 바다를 건너 조직에 참가하기까지 소요되는 비용은 본인이 부담해야 한다. 게다가 매우 불리한 장비로 압도적인 군사력을 보유한 정부군이나 미군에 맞서야 하며, 때로는 폭탄 테러에 동원된다. 매력적인 직장이라고 도저히 말할 수 없다.

전투원들은 금전적인 대가보다 숭고한 지하드의 목적을 위해 자신을 희생한다는 생각으로, 또는 그런 고차원적인 목적에 관여한다는 데 매력을 느껴 참가하고 있다는 기본적인 사실을 알아둘 필요가 있다. 적어도 주관상으로는 용병이 아니라 지원병에 가깝다. 지원하는 목적의 보편적 가치나 수단의 타당성이 타인의 관점에서는 이해하기 어렵더라도 그런 개개인의 주관이나 개개인이 모인 집단의 공동 주관이 전제되어 있음을 인식하지 않으면 '이슬람국가' 같은 현상이 나타나는 원인을 파악하고 이를 해결하기 위한 적절한 방책을 생각해낼 수 없다.

일본에서는 가끔 아무런 근거도 없이 지하드주의적인 과격 사상과 운동을 '빈곤이 원인'이라며 '피해자'설을 주장하거나 반대로 '살상을 즐기는 난폭한 사회 낙오자의 집단'이라며 '무뢰한'설을 주장하는 사람들을 볼 수 있다. 또는 양립할 수 없는 이 두 주장을 섞는 경우도 많다. 서방 국가에서 참가하는 자들이 있다는 점만 부각시키며 '서양의 차별·편견이 원인'이라는 단편적인 결론을 내리고 '서양'에 책임을 돌리는 사람도 많다.

그러나 이 책에서 지금까지 살펴본 글로벌 지하드라는 현상의 성격을 이해한다면 그들을 단순히 '상식을 벗어난 특수 집단'이나 '범죄 집단'으로 파악하는 것은 문제를 축소하는 일임을 알 수 있다. 외재적인 요인뿐만 아니라 내재적인 요인인 사상이나 조직론·전략론이 중요하다는 이야기도 계속해왔다. 단순히 서양의 문제로 치부할 수도 없다. 중동이나 이슬람 세계에 깊게 내재하는 원인이 있으며, 한편으로 지리적으로나 이념 또는 역사적으로나 멀리 떨어져 있는 일본조차도 의도치 않게 '가해자' 편에 설 수 있음을 인식해야 한다.

물론 이라크나 시리아의 경우 경제적인 빈곤에 지적인 빈곤까지 더해져 안이한 마음으로 지하드의 이념을 앞세우고 있다고밖에 보이지 않는 사례도 있을 것이다. 분쟁이 일상화된 환경에서는 폭발물이나 기관총만 잘 다루는 '무뢰한'이야말로 집단의 신뢰를 받는 '엘리트'가 되어버린다. 따라서 무장투쟁 현장이 거친 '무뢰한'들에게 장악되고 주도되는 상황이라고 봐도 이상하지는 않다.

그러나 여기에서 중요한 점은 설령 생각이 짧고 거친 사람이 많이 모여 있을 뿐이라도 그 집단과 행위를 정통으로 간주하는 지하드의 이념이 공동 주관으로 존재하며 널리 신봉되고 있다는 사실이다. 지지자들의 눈에는 이슬람국가에 참가하는 전투원이 짧은 생각의 소유자이거나 난폭한 무뢰한이 아니라 성스러운 싸움에 몸을 던진 순수하고 지조가 굳은 인물로 보인다. 이처럼 똑같은 현상도 가치관에 따라 다르게 보인다는 데 유의해야 한다.

물론 그렇다고 해서 그러한 가치관이 옳고 우월하다고 인

정해야 한다거나 존중해야 한다는 말은 아니다. 가치관의 구조 실태를 파악한 다음 비판하지 않으면 문제를 해결할 수 없다는 이야기다.

지하드의 의무를 다하라

각국의 이슬람교도 중 일정수가 누군가에게 강요당하지도 않았는데 개인적 신분으로 분쟁 지역에 모여드는 이유는 무엇일까? 전투원을 분쟁 지역으로 향하게 하는 종교적인 목적의식은 어떤 규범에 바탕을 두고 형성되었을까?

분쟁 지역에서 활동하는 각각의 무장 집단이나 글로벌 지하드 테러 조직에는 저마다 목표나 규칙이 있겠지만, 그것들은 조직의 통제나 전략 측면에서만 의미를 지닌다. 그런 조직들이 잔혹한 행위와 비합법적인 활동까지 정당화하는 규범적 근거는 널리 가르치는 통상적인 이슬람교의 교리 체계 속에 있다. 일반적으로 정통시하는 교리에 근거를 두지 않으면 그 집단·조직은 자신들의 존재와 행동을 정당화할 수 없기 때문이다.

지하드를 외치는 세계 각지의 집단·조직이나 그곳으로 모여드는 개인 사이에 공유되는 가치 규범 체계를 이해하기 위해 먼저 지하드를 둘러싼 이슬람법상의 기초 개념을 알아보고, 특히 지하드에 참가하는 자들의 성격을 규정하는 '무하지룬muhajirun'과 '안사르ansar'라는 개념을 살펴보자.

'알라의 길을 위해Fi Sabili Allah'라는 목적에 부합하는 전투가 지하드이며, 그 전투에 참가하는 것이 이슬람교도들에게 주어진 의무라는 것은 이슬람 법학상 확고한 정설이다. 다만 항상 전원이 참가해야 하는 것은 아니다. 전 세계의 이슬람 공동체(움마) 중에서 누군가가 실천하고 있으면 다른 사람은 그 실천을 면제받는다는 '집단 의무'의 범주에 지하드도 포함된다는 것이 일반적인 법학설이다. 이 관점에서 보면 지하드에 참가하지 않은 대다수의 이슬람교도도 '위법'이 아니게 되며, 실제로 지하드를 위해 전장에 나가거나 지하드를 지원하기 위해 자금을 모으거나 인원을 수배하는 이들은 알라가 공동체에 부여한 의무를 솔선해서 수행하는 숭고한 인물이 된다.

다만 지하드에 나서는 것이 개개인의 의무인 경우도 있다. 눈앞에 이교도의 군대가 나타나 전투가 벌어지고 있는 경우나 한 나라 또는 궁극적으로 이슬람 세계 전체가 이교도의 지배를 받아 이슬람교가 소멸 위기에 빠진 경우다. 이런 경우에는 모든 이슬람교도에게 지하드를 실천해야 하는 의무가 부과된다.

근대 이슬람 국가들은 이 지하드의 의무 개념을 국가의 통제하에 두려 했다. 지하드는 원래 예언자 무함마드가 지휘했으며, 그가 죽은 뒤에는 무함마드의 정치적 권한을 계승한 정통 후계자인 칼리프가 지휘하는 것으로 여겨졌다. 그런데 오늘날에는 칼리프가 존재하지 않고 국가의 지도자가 전쟁에 관한 판단을 내린다. 따라서 국민은 국가를 따라야 하며 멋대로 지하드를 실천하는 것은 용납되지 않는다는 논리가 만들어졌다.

그러나 이슬람 세계가 식민 지배를 당하거나 독립했더라도 초강대국의 패권 구조에 편입되어 종속적 위치에 놓이는 상황이 되자 '우리나라는 이미 이교도에 지배당하고 있다' 또는 '이슬람교가 위기에 처했다'고 인식하고 이를 근거로 지하드의 의무가 자신에게도 부여되었다고 생각하는 이들이 끊임없이 나타났다. 그런 이들을 지하드주의자라고 부른다. 지하드주의자들은 이슬람교도가 지배권을 잃는다는 이슬람법상 있어서는 안 되는 상황에서 국가가 지하드를 행하지 않을 뿐만 아니라 국민의 지하드 실천을 금지하거나 방해하는 것은 위법행위라고 생각한다. 따라서 국가의 제약을 무시하고 지하드에 출정하는 것은 종교적으로 정당하며, 이를 막는 국가를 지하드의 대상으로 삼는 것 또한 정당하다고 믿는다.

이슬람 국가들을 지배하고 지하드를 방해하는 지배자야 말로 지하드의 첫 표적이 되어야 한다는 생각은 지하드 사상사思想史에서 '가까운 적' 지향의 흐름이라고도 표현된다. 이교도 세력이라는 '먼 적'보다 이슬람 각국의 지배자라는 '가까운 적'과의 싸움을 우선한다는 의미다.

이와 같이 종교적인 가치 규범을 바탕으로 현재 상황에 대한 문제의식을 품고 국가의 통제에서 빠져나가 개인적으로, 또는 조직을 만들어 지하드를 실천하라고 주장하는 것이 근대의 '지하드주의'다.

무하지룬과 안사르

지하드주의자들이 행동 지침으로 삼고 있는 것은 초기 이슬람 시대의 역사이자 무함마드와 그 교우教友들이 실제로 지하드를 위해 행한 원정·투쟁의 업적이다. 예언자와 교우들의 언행을 기록한 방대한 하디스가 남아 있으며, 여기에는 누가 어떤 형태의 칼을 휘둘렀고 무슨 말을 사용했는지 등과 같은 내용까지 자세히 기록되어 있다. 이슬람교에서는 이것을 신성시하며 종교 교육에 사용하고 있다. 아이들을 위해 하디스의 내용을 간략히 발췌해 만든 『예언자의 원정』 같은 그림책도 있다.

현대의 지하드주의자들은 이렇게 널리 받아들여진 규범 체계를 구성하는 개념이나 상징을 선전전에 자유롭게 활용하고 있다. 독자적인 사상을 고안하지 않고 공유된 개념이나 상징을 사용하면 출신지나 민족이 다른 개개인이 서로 의사소통해 방향성을 일치시키고 보조를 맞춰 행동하기가 용이해진다. 지하드 운동 조직들이 종종 개개인의 전략이나 지도권을 둘러싸고 치열하게 싸우고 대립한 끝에 분열되는 경우도 있지만, 장기적이고 궁극적인 목적에서는 거의 대립하지 않으며 기본적인 사상과 행동양식이 일치한다.

알카에다 계열의 조직이나 시리아와 이라크 등지에 나타나는 이슬람 계열 무장 집단이 사용하는 명칭만 봐도 그 사상과 양식이 일치함을 알 수 있다. '지하드'라는 말은 당연히 사용하지만 애초에 지하드를 실천하기 위한 조직이라는 것이 대전제이므로 생략되는 경우도 많으며, 이슬람국가의 전신 조직처럼 '타우히드(알라가 유일신이라고 믿는 유일신 신앙)' 같은 기본적인 사상을 나타내는 말을 많이 사용한다.

최근 들어 많이 사용되는 말이 '안사르'다. 예를 들어 예멘의 '아라비아 반도의 알카에다'는 이른바 별도 브랜드를 추구하며 안사르 알샤리아를 창설했다. 제2장에서 살펴본 바와 같이, 이후 각지에서 서로 직접적인 관계가 없는 안사르 알샤리아가 속속 탄생했다. 이집트 시나이 반도에서 활동하는 한 집단의 명칭은 흔히 '예루살렘의 옹호자들'로 번역되는데, 여기에서 '옹호자들'의 아라비아어가 '안사르'다. 시리아 누스라 전선의 '누스라nusra'도 '지원'을 의미한다.

'옹호자' 또는 '지원자'를 의미하는 '안사르'는 지하드의 이념을 지탱하는 초기 이슬람 역사의 상징체계에서 특히 중요한 의미를 지닌 말이다. 그리고 '안사르'는 '무하지룬'이라는 개념과 쌍을 이루어 '무자헤딘mujahidin(지하드 전사)'을 구성한다. '무하지룬'을 직역하면 '이주자'라는 의미이며, '안사르'는 '지원자'를 뜻한다. 이 두 말에는 모두 종교적인 업적에 바탕을 둔 규범적인 의미가 포함되어 있다.

독자 여러분은 '히즈라hijra'라는 말을 들어본 적이 있는가? 이슬람교의 달력을 '히즈라력'이라고 한다. 이슬람 국가에서는 일상생활에서 서양력을 사용하지만 라마단월의 단식이나 매년의 하즈(정해진 달에 행하는 메카 순례) 등은 태음력인 히즈라력을 기준으로 한다. '히즈라'는 일반적으로 '이주'를 의미하지만, 서기 622년에 예언자와 교우가 다신교도들의 적의로 둘러싸인 메카를 떠나 메디나로 이주한 히즈라에 대해서는 특별히 '성천聖遷'으로 번역한다. 그리고 히즈라력의 '원년' 또한 서기 622년이다. 왜 '무함마드가 태어난 해'나 '예언의 계시가 시작된 해'가 아니라 '메카에서 메디나로 이주한 해'를 '원년'으로 삼았으며 특히 더 의미를 부여하는 것일까? 이것은 정치권력을 장악하고 군사력으로 이교도를 제압해 광대한 영역을 지배·통치하는 위치에 선 것이 이슬람교에 매우 중요한 의미를 지니기 때문이다.

크리스트교에서는 '신의 것은 신에게, 카이사르의 것은 카이사르에게'라며 정치와 종교를 분리하고, 유대교에서는 이교도에 지배당하는 상태를 정상으로 여기며 종말의 날에 정의가 이루어질 것이라고 기대한다.

이에 비해 이슬람교는 무함마드가 메카를 떠나 메디나에서 공동체의 정치 지도자로 받아들여져 통치와 군사를 관장하고 신의 법을 집행하는 쪽에 서면서 발전하기 시작했다. 히즈라를 통해서 정치와 결합해 지배 세력이 내세우는 법이 된 것이 종교로서 발전하는 최대의 전기가 되었고 그 후의 전개를 결정지었다. 그렇기 때문에 이해를 '원년'으로 삼은 것이리라.

그리고 히즈라를 통해 메디나로 이주해 정치권력을 장악

함으로써 군사적인 지하드가 본격적으로 시작되었다. 아라
비아 반도 각지의 다신교도에게 선교를 실시하고, 따르지 않
으면 원정군을 보내 토벌했다. 유대교도와 크리스트교도를
'책의 사람들'이라 부르며 제압해 지배 종속의 공존 관계를
맺었다. 그 뒤 630년에 메카를 정복하고 다신교의 우상을 무
함마드 자신이 쓰러뜨렸다.

아라비아어로 '히즈라를 하는 사람'이 '무하지룬'이다. 단
순한 이주자가 아니라 그런 종교적인 의미를 갖고 무함마드
와 함께 '성천'에 가담한 이가 '무하지룬'인 것이다.

이슬람교가 아직 소수파이고 다신교도가 다수파인 시대
에 메카에서 입교한 사람들이므로 '무하지룬'이 선구자로 존
경받는 것은 당연한 일이다. 이와 마찬가지로 메디나에서 '무
하지룬'을 받아들이고 무함마드와 '무하지룬'이 행하는 지하
드에 가담·지원함으로써 승리를 이끈 사람들도 숭배를 받는
다. 이들이 '안사르'다. 단순한 '지원자'가 아니라 '성천'한 예
언자와 교우들을 맞이함으로써 이슬람교를 소멸에서 구하
고 정치 공동체로 받아들였으며 지하드에 참가해 승리를 이
끄는 등 모든 것에 관한 '지원자'다. 참고로, 시리아의 '누스라
전선'도 같은 의미를 지닌 말이다. 아라비아어에서 '지원(누스
라)'과 '승리(나스르)'는 같은 어근(n-s-r)을 가진 같은 계통의

말이다.

이와 같이 '무하지룬'으로서 도피해온 예언자와 교우들을 '안사르'가 구하고 지원해 열세를 만회하고 승리로 이끌었다는 지하드를 둘러싼 규범적·상징적 언어 체계가 있기 때문에 지하드를 지향하는 근현대의 조직들도 자신들을 그 안에 위치시키고 이 말들을 사용해왔다.

한편 이교도와 그 법의 지배를 받고 있는 이슬람교도는 선교와 지하드를 통해 상황을 해결하기가 당장은 불가능한 경우 이슬람교와 그 법이 지배하는 영역으로 이주해야 하는 의무가 있다는 사상도 있다. 예를 들어 인도에서 파키스탄이 분리 독립한 뒤 인도에 남은 이슬람교도는 파키스탄으로 이주해야 한다는 운동이 일어났는데, 이것을 '무하지룬 운동'이라고 부른다. 또 체첸에서 러시아에 대한 지하드를 벌이다 패해 아프가니스탄 등을 거쳐 시리아 내전에 참전한 전투원 중 일부는 '무하지룬 대대Katiba al-Muhajirin'를 조직했으며, 2012년 여름에 시리아 현지의 무장세력과 결합하고 그 명칭을 '무하지룬과 안사르의 군대Jaysh al-Muhajirin wa al-Ansar'로 바꿨다.

아랍 세계의 내부에서 결성되는 무장 집단은 '무하지룬'보다 '안사르'를 명칭에 사용하는 경우가 많은데, 이것은 아마도 지리적인 요인 때문일 것이다. 설령 국경을 넘어서 활동하더라도 아랍 세계 내부, 즉 이슬람교와 그 법이 지배적인 토지에서 활동하고 있으므로 '무하지룬'이 아니라 오히려 더 외부의 '이주자'를 받아들이면서 성전을 지원하는 '안사르'로 자신들의 위치를 상징화하는 것이 더 적절하다고 여겼기 때문일 것이다.

외국인 전투원의 역할

이와 같은 종교적인 가치 규범과 상징체계를 공유한 외국인 전투원들은 대략적으로 같은 목표와 행동양식을 공유하고 있다. 또한 자신들의 행동을 성스러운 상징체계 속에 위치시키고 그것이 정통이라는 신념을 구축하고 있다. 이것이 이슬람국가나, 이슬람국가와 경쟁하는 다른 이슬람 계열 무장 집단에서 찾아볼 수 있는 특유의 동원력과 기동력, 그리고 죽음을 두려워하지 않는 용맹함과 무모함의 원천이다.

이와 같은 특성을 갖춘 외국인 전투원의 유입은 전투 양상을 좌우하는 중요 요소가 될 수 있다. 이슬람국가는 글로벌 지하드 운동의 발전과 변화를 배경으로 대두해 수많은 외국인 전투원의 마음을 사로잡음으로써 세력을 확대하고 위상을 높여왔다. 그와 동시에 후세인 정권 시대의 군·정보기관 관계자들 중 다수가 이슬람국가에 참가한 것으로 보이며, 시리아와 이라크에서 영역 통치 경험을 쌓는 가운데 토착화가 진행되는 경향도 찾아볼 수 있다. 이슬람국가의 조직 속에서, 또는 이슬람국가가 점령한 영역과 그 영역을 통치하는 체제 속에서 외국인 전투원의 비율이 얼마나 되는지, 그리고 어떤 역할을 맡고 있는지는 불명확한 부분이 많지만 과대평가는 하지 않는 것이 좋을 듯하다.

물론 그들이 자폭 테러를 실행해 적을 공황 상태에 빠뜨리는 전선의 돌격 부대(또는 총알받이)로, 서방 세계를 상대로 한 선전 요원으로 커다란 역할을 하고 있으며, 이것이 이슬람국가 대두의 주요 원동력이 되었음은 부정할 수 없다. 그러나 이슬람국가가 지배 영역을 확대하고 통치의 주체가 된 뒤에도 지하드 전사가 계속 주도권을 장악할 수 있을지는 불투명하다.

외국인 전투원의 비율

외국에서 온 전투원은 이슬람국가의 세력 중에서 어느 정도의 비율을 차지하고 있을까?

이슬람국가의 조직 규모나 외국에서 온 전투원의 수를 엄밀히 확정하기는 매우 어렵다. 내전이 벌어지고 있는 현지에서 접촉하기가 어렵고, 외부에 매우 적대적인 조직에 정보 공개를 요구하는 것은 현실적이지 못하다. 조직의 규모를 크게 보이도록 함으로써 현지의 세력들이나 외국을 압박하고 있는 이슬람국가에 투명성 있는 정보 공개를 요구하는 것 자체가 무리다. 당분간은 외부에서 대략적으로 추정하는 통계에 의존하는 수밖에 없다.

이데올로기나 목표에 공감해 이슬람국가에 가담한 핵심 멤버와 이라크나 시리아에서 세력범위를 급속히 확대한 뒤에 산하로 들어온 현지 인원은 그 성격이 다를 것이다. 하지만 두 부류를 구분하기란 어렵다. 그렇다고 영역 지배를 하는 무장세력과 지배를 받는 현지 주민을 합쳐서 이슬람국가의 조직 규모로 본다면, 그것은 과대평가하는 것이다.

실효 지배를 강화한 뒤에는 사상에 동조하든 그러지 않든 간에 생활을 위해, 또는 정치적 타산에서 이슬람국가에 가입하거나 협력하는 자도 늘어났을 것이다. 반면 미국 또는 이라크 정부군의 공습이나 쿠르드 민병 집단 등과의 전투로 사망자 수도 늘어나고 있기 때문에 인원이 계속 늘어나고 있다고 생각하기도 어렵다.

2014년 9월 CIA가 공개한 추정 통계에 따르면 이해 5월부터 8월에 걸쳐 전투원을 급속히 증가시킨 결과 이슬람국가의 규모는 2만 명에서 3만 1,500명에 이르렀다. 그 이전에 CIA가 이슬람국가의 규모를 대략 1만 명으로 추산했으므로 6월의 모술 함락 전후부터 미국이 공습을 개시한 8월까지 이슬람국가의 구성원이 두 배 또는 세 배 이상 늘어났다고 판단한 것이다. 그중 1만 5,000명 이상이 80개국에 이르는 외국에서 온 전투원이라고 한다. 서방 세계에서는 약 2,000명이 가담한 것으로 추산하고 있다.

2014년 10월 유엔 안전보장이사회의 알카에다 제재 전문가 패널이 제출한 보고서에서도 외국인 전투원 1만 5,000명이 시리아와 이라크에 머물고 있다고 추산했는데, 소속 조직은 이슬람국가뿐만 아니라 다른 반체제 무장세력도 포함되어 있다.

유엔의 보고서에서 관심을 갖게 하는 것은 지하드 전사의 수가 급격히 증가했다는 점이다. 2010년 이후 이라크와 시리아에서의 내전을 계기로 증가한 지하드 전사의 수는 1990년대부터 2010년대에 활동한 지하드 전사의 몇 배에 이른다고 한다. 출신국이 80개국 이상으로 늘어났다는 것도 문제점으로 지적되었다. 이것은 지하드 전사가 귀국한 뒤에 문제가 발생할 수 있는 나라가 증가했음을 의미한다. 이슬람교도 이민자가 많은 서유럽 국가만의 문제가 아니게 된 것이다.

뉴욕의 수판 그룹The Soufan Group은 2014년 6월에 작성한 보고서에서 시리아에 있는 외국인 전투원을 1만 2,000명 이상으로 추산했다. 또한 런던의 국제극단주의연구센터ICSR는 시리아에 최대 1만 1,000명의 외국인 전투원이 있다고 추산했다. 서유럽 국가에서의 참가자는 수판 그룹의 경우 3,000명, ICSR의 경우 1,900명 정도로 추정했다.

이런 대략적인 통계들을 종합하면 이라크와 시리아에서 이슬람국가의 중심 부분을 구성하는 인원 중 절반 정도가 외국에서 유입된 전투원일 가능성이 있다.

외국인 전투원의 출신국

이슬람국가의 절반 정도가 외국인이라면 그 출신국은 어디일까? 미디어의 관심사는 서양 출신의 전투원에 집중되어 있다. 그러나 서양 출신 전투원은 이슬람국가의 구성원 중 다수파가 아니다. 출신국별로 살펴보면 이슬람국가의 주요 구성원은 이라크인이고, 2013년에 시리아로 진출한 뒤로는 시리아인이 늘어났다.

현지 사회에서 가담한 이들이 가장 많고, 그다음이 외국에서 온 전투원들이다. '외국'이라고 하지만 60~70퍼센트는 중동 국가 출신으로, 아랍 국가 출신자가 외국인 전투원 중 과반수를 차지한다. 서방 국가에서 온 전투원은 20~25퍼센트일 것이다.

영국의 BBC는 수판 그룹과 ICSR의 집계를 바탕으로 시리아에 있는 외국인 전투원의 출신 국가를 정리했다. 그에 따르면 전투원을 많이 보낸 나라와 인원수는 다음과 같다. 각종 행정 정보와 보도, 추정 통계치를 포함했기 때문에 정확하지는 않지만 전체적인 양상은 파악할 수 있을 것이다.

- 튀니지(약 3,000명)
- 사우디아라비아(약 2,500명)
- 요르단(2,089명)
- 모로코(약 1,500명)
- 레바논(890명)
- 러시아(800명)
- 프랑스(700명)
- 리비아(556명)
- 영국(400명)
- 터키(400명)

이와 같이 외국인 전투원 중 다수는 아랍 국가 출신이다. 사

시리아에 있는 외국인 전투원의 출신지

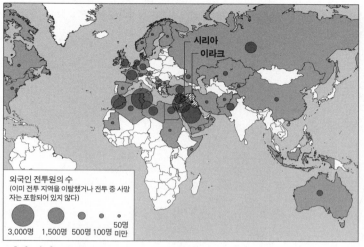

외국인 전투원의 수
(이미 전투 지역을 이탈했거나 전투 중 사망
자는 포함되어 있지 않다)

3,000명 1,500명 500명 100명 50명
미만

＊출처 : 수판 그룹, ICSR

우디아라비아와 요르단, 레바논 등 이웃나라뿐만 아니라 국
경을 맞대고 있지 않은 튀니지나 모로코에서도 많은 전투원
이 넘어왔다. 미 국무부의 국제 테러리즘 보고서 등은 러시아
를 '유럽'에 포함시키는 경우가 있는데, 이것은 조금 모호하
다. 실제로는 러시아의 통치를 받고 있는 체첸 등지의 반정부
무장투쟁·분리주의 운동 세력이 탄압을 피해 시리아나 이라
크로 도피한 것이다. 서유럽의 시민사회 중에서 특히 두드러
지는 '홈그로운Homegrown(자생적) 테러리스트'와는 성격이
다른 것이다. 이슬람교도 이민자가 많은 프랑스와 영국도 각

각 700명과 400명 정도의 규모로, 튀니지나 사우디아라비아에 비하면 자릿수에서 차이가 난다. 미국은 70명 정도로 완전히 '순위권 밖'이다.

서양 출신자가 왜 주목받는가

그럼에도 이슬람국가에 관한 보도를 보면 서양 출신자에게 주목되는 경향이 두드러진다. 왜 그럴까?

그 첫 번째 이유는 애초에 이슬람국가 측이 선전 영상이나 문서를 통해 서양 출신자의 존재를 강조하는 데 있다. 이슬람국가의 선전 영상에는 서양 출신자가 자주 모습을 드러내며, 특히 백인 개종자의 존재가 강조된다. 서양인 인질 살해 영상에서는 서양 출신자가 처형을 행하고 유창한 영어로 서양을 향한 비난과 범행의 정당성에 대해 열변을 토한다.

이에 따라 서양 측에서는 귀환병의 테러에 대한 경계심이 높아진다. 과격파가 시리아나 이라크의 내전·분쟁 현장에서 전투 경험을 쌓으면서 무기·탄약 취급법과 작전행동을 숙지하고 세계 각지에서 온 과격파들과 동지로 유대 관계를 맺은 뒤 귀국해 고국에서 조직을 만들고 테러를 감행하게 된다면 서양에 테러 위협을 확산시키게 된다. 대규모 무슬림 이민 사회가 있는 서유럽 각국이 이슬람국가에 지대한 관심을 보이고 국제정치의 큰 문제로 다루는 것은 자신들의 사회 속에 동조자가 어느 정도 있으며 그들이 실제로 참가하고 장래에 귀국해 사회를 흔들 위험성이 있기 때문이다.

분명히 이런 현실적인 위협이 있지만, 국제적인 미디어 공간에서 서양 미디어가 압도적인 영향력을 발휘하기 때문에 실제보다 과장되게 전해지는 경향이 있다는 점도 유의해야 한다. 서양의 미디어가 세계의 정보공간을 지배하고 있으며 국제정치, 특히 중동 정책을 주도하는 곳도 서양 국가임은 분명한 사실이다. 이슬람국가에 서유럽 국가 출신자가 있음으로써 서유럽 국가들과 미국에서 관심이 높아지고, 이들 국가에서 정치 과제의 상위에 오름에 따라 결과적으로 국제정치의 최고 중요 과제로 인식된다.

서유럽 국가의 여권은 그 위력이 강력하다. 유럽연합이나 미국, 일본 등 선진국은 물론이고 중동이나 아프리카, 아시아의 개발도상국도 거의 자유롭게 왕래할 수 있다. 서유럽 출신자에게 '홈그로운 테러'의 가능 범위는 광대하다. 그러나 서유럽 출신의 지하드 지원자들을 분쟁 지역에 건너갔다는 이유만으로 구속하고 죄를 묻는 것은 기본적 인권과 법의 지배

관점에서 논란을 불러일으킨다.

귀환병에 대한 과잉 경계

전체에서 차지하는 비율은 낮아도 일정수의 지하드주의자가 탄생했다는 사실은 글로벌 지하드 운동의 전개에서 상징적으로나 실질적으로나 의미가 크다. 이슬람교의 근대적 이념의 우월성을 인정케 하는 것을 근본적인 목표로 삼는 지하드주의자에게 서유럽 사회의, 특히 백인 개종자의 참가는 높은 가치로 받아들여지며 선전에 이용된다. 서유럽에서 온 전투원 중에서도 극소수에 불과한 개종자를 특히 강조해 선전에 이용하는 것은 여전히 서유럽에 대한 열등감을 강하게 품고 있는 전 세계 이슬람교도의 가슴속에 자신감과 우월감을 심어주는 동시에 서유럽 시민사회를 비웃고 위협하는 효과를 기대할 수 있기 때문이다.

서유럽 출신자가 중심이 되어 치밀하고 수준 높은 선전전을 펼치고 있는 것으로 보이는 점도 중요하다. 서유럽의 인프라와 교육제도 덕분에 고도의 영상 기술과 수법을 습득한 상태에서 이슬람국가에 참가함으로써 최첨단 선전 수법을 구사해 선진국의 폭넓은 계층에 호소할 수 있게 되었다.

귀환병이 고국에서 테러를 저지를지 모른다는 우려도 현실이 되고 있다. 이미 2014년 5월에 시리아에서 무장 집단에 가담했다가 귀국한 프랑스 국적의 이슬람교도가 벨기에의 브뤼셀에 있는 유대박물관에서 총을 난사해 세 명을 살해하는 사건이 일어났다. 앞으로 서유럽 국가의 주요 치안 과제가 되어 틀림없이 국제적으로 대책을 마련할 것이다.

그러나 명확한 조직 없이 확대되는 글로벌 지하드 운동을 기존의 경찰·법 집행기관이 단속하기란 결코 쉽지 않다. 제2장에서 살펴보았듯이 2000년대 중반에 알카에다의 조직이 변화하는 과정에서 의사 결정 기관이 분산되고 상호 간에 연결성이 희박한 조직이 자발적으로 테러를 일으키는 것이 선진국에서 사용되는 주요 테러 수단이 되었다. 이라크나 시리아에서의 무장·조직을 그대로 고국으로 가지고 돌아와 공격하는 것은 현실적이지 않으며, 그런 계획이나 준비가 있더라도 금방 탐지될 것이다.

실제로 많이 발생하지 않을까 우려되는 것은 편승·공감·호응에 따른 산발적이고 조직적이지 않은 테러다. 이 경우 잠재적인 실행범은 이라크나 시리아의 문제로 가슴 아파하는 일반 이슬람교도 전원이 될 수 있다. 그러나 이들에게 포괄적으로 수사망을 펼친다면 오히려 사회나 체제에 대한 소외감과 적개심을 키우게 될 것이다.

귀환병의 론 울프형 테러는 사회불안을 불러일으키겠지만, 군사적인 의미에서의 위협이라고 할 수는 없다. 오히려 과민반응을 보이다 소수파나 이민자에 대한 박해 또는 인권 탄압을 의심받는 쪽이 그동안 서유럽 사회가 구축해온 근대적 가치를 훼손하게 될 것이다. 그것이야말로 지하드주의 테러리스트의 목적이기도 할 것이다.

귀환병 전원이 고국에 적개심을 품고 테러를 기획하리라고 전제하는 것도 삼가야 한다. 아랍 세계나 이슬람 세계를 선조의 나라로 여기는 이민 자녀들은 태어나고 성장한 서유럽 사회의 기본적인 원칙이 내면에 자리하고 있는 경우가 많다. 조상의 땅의 정권이 서유럽의 근대적 가치관에 반하는 탄압이나 불의를 저지르는 데 분개해 그곳으로 건너가서 혁명을 위해 싸우고 싶다는 서유럽적인 규범에 바탕을 둔 영웅심과 이슬람적인 가치 규범에 바탕을 둔 목적의식을 함께 가지고 있는 경우도 적지 않다. 이런 경우 기본적으로 서유럽 국가에는 해를 끼치지 않을 것이다. 또 대다수는 이슬람국가의 가혹한 통치 실태나 전장의 현실을 목격하고 환멸을 느껴 귀국한다는 조사 결과도 있다.

서유럽 사회에서 일찍부터 지하드에 대한 욕구를 가슴에 품고 있던 이들도 그전까지와 달리 대규모로 조직화·무장화되고 칼리프제 국가의 수립이 가능한 영역이 이라크와 시리아에 나타났다면 선진국에서 소규모 테러를 일으키기보다 먼저 그곳으로 이주해 지하드에 앞장서는 쪽을 선택할 것이다. 이라크와 시리아로 지하드 전사들이 모여들고 있는 현재 상황이 곧 선진국에서 테러의 위험성이 높아짐을 의미하지는 않는 것이다.

그러나 미국과 그 밖의 연합국이 이라크와 시리아의 이슬람국가에 대한 공격을 확대·지속한다면 이에 대항한다고 주장하며 ①이라크나 시리아 혹은 중동 지역 내에서 서방 국가와 그 동맹국의 국민을 납치·살해하거나 폭탄 테러 등의 대상으로 삼는다, ②서방 국가에서 테러를 일으킴으로써 개입을 저지하거나 보복한다는 두 종류의 위험성이 높아진다. 특히 ②의 경우 반드시 조직과 직접적인 연관성이 없어도 실행할 수 있기 때문에 아무리 대비해도 막는 데 한계가 있다.

2014년 말까지의 단계에서 이슬람국가는 직접적인 전쟁터인 시리아와 이라크에 군사개입을 하고 있는 국가의 국민을 인질로 붙잡아 살해하고 있다. 이것을 서유럽이나 미국 내의 조직적인 무장투쟁으로 전환해 전선을 세계로 확대할지는 당분간 미지수라고 할 수 있다. 원칙적으로 지하드의 궁극적인 목적이 세계인 이상 그 가능성을 부정할 순 없지만, 그러한 경우에도 통상적인 감시만 한다면 서유럽 각국의 정부군 또는 경찰이 압도당하는 규모로까지 확대되는 일은 절대 없을 것이다.

이라크와 시리아에서 무장·전투 경험을 쌓은 지하드 전사들이 만약 조직이나 네트워크를 유지한 채 귀국해 서유럽 국가에서 무기 입수 경로를 확보한다면 서양 사회에 대한 일정한 위협이 된다. 다만 이 경우는 무장·조직화를 한 시점에 통상적인 방첩·법 집행기관의 비합법 무장 집단·민병 단속과 같은 조치를 취하면 충분히 해결 가능한 문제다. 시리아·이라크에서 귀환한 병사들을 모두 과격한 테러리스트로 간주하고 법을 초월한 대책을 적용한다면 오히려 서양에 대한 적개심을 증폭시켜 실제로 테러 조직의 편에 설 수도 있다. 귀환병에 대한 과잉 경계는 자기 성취적 예언이 될 수 있으므로 주의해야 한다.

일본인과 이슬람국가

글로벌 지하드의 의용병에 대한 문제는 일본도 강 건너 불이 아니다.

2014년 10월, 홋카이도 대학을 휴학 중인 젊은이가 이슬람 국가로 가려다 발각된 사건은 미디어의 관심을 모아 일본에서 이 문제에 대한 관심도를 단숨에 높여놓았다.

일본은 서양 국가와 달리 이슬람교도의 대규모 이민 공동체가 없으며, 개종자도 2014년 현재 1만 명 정도에 불과하다. 이 숫자는 전체 인구의 0.01퍼센트 미만으로, 사회와의 마찰이 정치 문제가 될 만한 규모가 아니다. 그런 의미에서 일본은 서유럽 국가들이 안고 있는 일부 이슬람교도 시민의 과격화 문제를 공유하고 있지 않다.

그러나 일본에는 이슬람 세계와도, 서양 세계와도 다른 독자적인 '이슬람' 인식이 있으며, 권위적으로 이 문제를 논하는 전문가나 일본의 대외 관계 또는 근대 세계 속에서의 위치를 둘러싸고 활발한 논의를 전개하는 사상가·지식인의 언설을 통해 사회와 정치에 독특한 영향을 끼치고 있다. '급진적'이라는 데서 존재 의의를 찾는 논객은 종종 '이슬람'을 이상화하고 그것을 '미국 중심의 글로벌리즘'에 대한 정당한 대항 세력 또는 '근대 서양의 한계'를 극복하기 위한 대체 선택지로 부각시킨다. 자료나 현실에서 일어나고 있는 일을 무시한 채 '이슬람'이라는 말을 현대 사회의 해결 불가능한 온갖 문제를 단번에 해결시켜주는 마법의 주문처럼 사용하는 것이다. 그런 언론인의 언설에 이끌려 이슬람국가에 몸을 던지는 자가 나타나지 않는다는 보장도 없다. 요컨대 일본의 일부 사람들 사이에서 '이슬람'은 과격하게 현상現狀 초월을 주장하고 마음에 들지 않는 사회나 제도, 그리고 체제 자체를 용감하게 '전면 부정'해 보이기 위한 '도구'로 받아들여져 왔다.

이와 같이 현재를 전면 부정하기 위한 사상으로 과거에는 좌익 이데올로기가 있었다. 신흥종교가 기세를 떨치던 시대도 있었다. 그러나 현재 그런 세력의 영향력은 수그러들었다. 그러자 현상 초월론자들은 세계적으로 반서양 운동을 펼치는 이슬람교 과격파의 주장에 주목하고 있다. 사람들은 서양 콤플렉스, 파괴·종말 희구 같은 잡다한 부정적 감정의 배출구를 항상 찾아왔는데, 현대에는 그것이 '이슬람'이 되고 있는 것이다.

게다가 동구권의 추락이 명백해짐에 따라 잠잠해진 좌익 이데올로기와도, 일본의 지역적인 사이비 종교 옴 진리교와 같은 신흥종교와도 달리 글로벌 지하드 사상은 세계 종교의 교리 중 일부를 채용한 일종의 '글로벌 스탠더드'다. 따라서 좀 더 장기적으로 지속될 것이며, 사이비라고 비난하며 탄압한다면 세계의 이슬람교도로부터 반발을 살 수 있다. 무자각적으로 현존 질서를 부정하는 지식인의 오해에서 비롯된 '과격한' 발언에 선동되어 일본 사회의 한구석에서 불만이나 파괴 충동을 주체하지 못하던 자들이 과격파에 일방적인 기대를 품으며 폭발하는 사태가 운 나쁘게 발생할 수도 있다.

신의 계시에 따른 절대적인 규범의 우월성을 주장하는 종교적 정치사상은 자유 사회에서 어느 범위까지 허용되고 어느 범위부터 허용되지 않을까? 일본의 법 집행기관과 시민사회가 이에 대한 확고한 기준을 마련해둘 필요가 있다. 이슬람 국가에 대한 대처는 일본의 자유주의 체제와 시민사회의 성숙도를 시험하는 시금석이 될 것이다.

7
사상과 상징
– 미디어 전략

이슬람국가는 어떤 사상에 바탕을 두고 있을까? 어떤 미디어 전략을 구사해 그 사상을 선전하고 지지자를 모으고 있을까?

　이슬람국가가 독자적인 이슬람 사상을 내세우고 있다고는 말할 수 없다. "이교도의 지배를 근절해야 한다", "이슬람법을 거스르는 통치체제는 불법이다", "알라께서 계시하신 법에 따라 통치하지 않는 지도자는 이슬람교도라 하더라도 불신자와 마찬가지이므로 지하드로 토벌해야 한다"와 같이 과거에 수많은 사상가가 제기해온 주장을 공유하고 있는 것으로 보인다.

　이런 주장과 행동을 뒷받침하기 위해 이슬람국가가 인용하는 전거·근거도 특별하지는 않다. 널리 통용되고 있는 고전적이고 권위 있는 이슬람 법학서의 설이나 『쿠란』·하디스의 해당 전거를 인용해 자신들의 주장을 증명하는 근거로 삼는다. 그 수법이나 주장에 참신성은 없다. 일반적인 이슬람교 신앙 중에서 과격한 무장투쟁을 정당화하고 근대국가나 국제정치의 규범에 도전하는 데 유용한 부분을 발췌해 제시하는 이슬람 법학의 통상적인 수법을 답습했을 뿐이다.

이미 정해진 결론

새롭지 않은 사상, 좀 더 정확히 말하면 새로운 사상을 제시하는 데 대한 무관심이야말로 이슬람국가의 특징이다. 이것은 이슬람국가의 역사적인 위치와도 잘 어울린다. 근대 이슬람주의 과격 사상의 요소는 이미 나올 만큼 나온 상태다.

그리고 그런 과격 사상에 적극적으로 찬성하지 않는 시민은 많다. 숫자로 따지면 이쪽이 다수파일 것이다. 한편 과격 사상을 적절히 논박할 논리도 나올 만큼 나온 상태다. 이슬람교를 공통된 전거로 삼는 이상, 온건한 해석과 과격한 해석은 평생을 가도 '견해 차이'로서 평행선을 달릴 수밖에 없다. 수니파에는 특정 해석을 더 우위로 인정하고 강제적으로 시행할 수 있는 주체가 없기 때문에 과격파가 멋대로 행동하는 것을 막을 수가 없다.

그런 과격파의 행동을 실력으로 저지해온 것이 각국의 독재 정권인데, 아이러니하게도 그들의 정의롭지 못하고 포학한 통치야말로 과격파를 낳는 근본 요인이기도 하다. 독재 정권의 폭력에 의존하는 한 과격파의 발생을 막을 수 없으며, 한편으로 과격파를 견제하려면 독재 정권이 필요하다. 현재 아랍 세계는 이 딜레마에 지쳐버렸다. 게다가 '아랍의 봄'을 통해 그런 독재 정권이 의외로 허약하다는 사실이 드러났기 때문에 폭력을 통한 견제마저 불가능해졌다.

이와 같은 상황에서 어찌할 바를 모르고 전란의 두려움에 떨고 있는 시민들 앞에 "논쟁은 끝났다. 행동이 있을 뿐"이라는 듯이 일방적으로 종교 이념을 제시하고 이를 따르지 않으면 살해·배제하겠다는 집단이 나타났다. 바로 '이슬람국가'다.

이슬람국가의 언설은 어떤 독창적인 사상을 주장하기 위한 것이 아니다. 그들은 자신들의 권력 탈취와 지배를 종교적으로 정당화하기 위해 이슬람교도가 일반적으로 믿고 있거나 강경하게 반대할 수는 없는 기본적인 교의 체계에서 필요한 요소를 자유자재로 채용한다.

이슬람국가가 내놓는 성명이나 문서를 구성하는 단순한 이념은 이슬람교의 사상에 어느 정도 정통한 사람에게는 이상하리만치 쉽게 해석된다. 사상가가 자신의 독자적인 사상을 열심히 전하려 하는 부류의 것이 아니라 오히려 정치가의 연설에 가깝다. 정치가들이 시민의 지지를 얻고 경쟁 상대를 밀어내기 위해 온갖 논법을 구사하듯, 이슬람국가는 이슬람교의 교의 체계 중에서 유용한 규범 개념이나 상징을 뽑아내어 자신들의 행동을 정당화한다. 이슬람국가가 발신하는 영상·성명문이나 선전 문서는 정치적인 상징 조작의 성격이 뚜렷이 드러난다. 요컨대 철두철미한 선전propaganda이다. 그러므로 조직·집단의 진정한 목적이나 의사를 표명하는 사상이라기보다 정치투쟁·군사작전을 효과적으로 추진하기 위한 미디어 전략으로 해석할 필요가 있다.

사이버공간의 글로벌 지하드

이슬람국가에 대한 관심이 세계적으로 높아진 데는 교묘한 미디어 전략이 큰 영향을 끼쳤다. 세계의 미디어가 앞다퉈 보도하고 싶어질 만큼 세련된 영상 비디오나 사진과 그림을 많이 사용한 화려한 잡지를 잇달아 공개함으로써 세계의 주목과 관심을 지속시켜왔다. 이런 영상이나 잡지는 서양의 주요 미디어를 비롯한 각국의 미디어에 보도되어 전 세계로 퍼져 나갈 뿐만 아니라 SNS 등 인터넷을 통해 개인에게 직접 전달된다. 이슬람국가가 과시하는 끔찍한 참수 영상은 널리 알려져 있는데, 이런 영상도 단순히 잔혹하기만 한 것이 아니다. 적과 아군에 최대한의 심리적 효과를 주도록 교묘하게 제작되었다.

미디어 전략의 교묘함은 이슬람국가만의 특징이 아니라 글로벌 지하드 세력의 공통점이다. 9·11 테러 사건 이후 '테러와의 전쟁'을 시작한 미국에 철저히 추적당하는 처지가 된 알카에다 계열 조직은 아프가니스탄과 파키스탄의 국경 지대나 이라크와 시리아의 국경 지대 등 각국 정부의 지배력이 느슨한 지역에서 물리적인 성역을 발견하고 은신처와 행동 거점을 확보해나가는 동시에 인터넷과 위성방송 등 미디어의 가상적 공간에서 자유롭게 활동할 수 있는 장소를 개척해나갔다. 사이버공간이야말로 글로벌 지하드 운동의 주된 '성역'이 된 것이다.

알카에다 관련 조직들은 모두 독자적인 미디어 조직을 만들고 활발하게 정보를 발신하고 있다. 이들은 전투 현장에 관한 보고와 함께 알카에다나 글로벌 지하드 운동 조직이 공유하는 종교적인 세계관이나 이데올로기, 또는 전쟁론이나 전

술론을 전개하고 있다. 그 사상이나 전략은 조직을 초월해 공통되는 부분이 많지만, 조직에 따라 중점을 두는 곳이 다르다. 지도자 사이의 대립이나 각 조직이 놓인 상황 등에 따라 전략이나 전술 측면에서 차이가 난다.

이슬람국가도 미디어 선전 부대인 '알하야트 미디어 센터'를 보유하고 있으며, 그 로고 마크를 단 영상을 발신하는 동시에 화려한 잡지를 제작해 주목을 끌고 있다.

이런 종류의 잡지들 중에서는 미국 태생의 안와르 알아우라키Anwar al-Awlaki 등이 지도하는 예멘의 조직 '아라비아 반도의 알카에다'에서 간행하는 《인스파이어》가 유명했다. 예멘에서의 전과와 외국에서의 테러 성과를 과시하고 '아랍의 봄'을 통해 각지에서 성장하는 지하드 세력의 소식을 전하는 이 잡지는 수준 높은 사진과 레이아웃, 세련된 영어 구사 등으로 주목을 받았다.

그런데 이슬람국가의 선전은 그 세련미에서 다른 조직을 능가하며, 영상과 문자 매체 모두 최고 수준이라고 해도 과언이 아니다. '알하야트 미디어 센터'는 이슬람국가의 통치를 받는 시민들의 행복한 생활상을 선전하는 비디오 클립에서부터 극적으로 연출된 인질 살해 비디오까지 각종 영상을 잇달아 발신하고 있으며, 고품질 선전 잡지도 간행하고 있다.

2014년 6월에 칼리프제를 선언한 직후 간행한 잡지《다비크》는 이라크와 시리아에서의 영역 지배 확대와 국가 선언이라는 '콘텐츠'의 힘은 물론이고 그 표현 기술로도 관심을 모았다.

언뜻 잔인해 보이는 선전 영상 배후의 치밀한 계산과 교묘함,《다비크》에서 볼 수 있는 종말론이나 예언자의 지하드 업적 같은 상징체계를 채용하는 수법과 그 활용 방식을 지금부터 살펴보자.

오렌지색 죄수복을 입히다

이슬람국가의 미디어 전략 중에 특히 주목을 끈 것은 시리아에서 서양인을 인질로 붙잡아 살해하고 참수 전후의 모습을 촬영한 선전 비디오를 잇달아 공개한 것이다. 이와 같은 잔혹한 영상을 공개한 데는 대체 무슨 의도가 숨어 있으며 그 효과는 무엇일까? 또 어떤 연출과 영상 기술이 구사되었을까?

2014년 8월부터 11월까지 인터넷에 공개된 영상을 통해 알려진 이슬람국가의 서양인 살해 사례를 나열하면 다음과 같다.

2014년 8월 19일경 제임스 폴리(미국)

9월 2일경 스티븐 소트로프(미국·이스라엘)

9월 13일경 데이비드 헤인즈(영국)

10월 3일경 앨런 헤닝(영국)

11월 16일경 피터 캐식(미국)

이들은 시리아에서 이슬람국가에 붙잡혔거나 다른 집단에 붙잡힌 뒤 이슬람국가로 인도되어 살해되었다. 이슬람국가가 서양을 직접 공격하거나 점령하고 있는 영역에서 서양인을 살해하는 것을 우선 과제로 삼아오지는 않았다. 이것은 8월 8일에 개시된 미군의 이라크 폭격이나 공습 범위를 시리아로 확대하겠다는 오바마 대통령의 9월 10일 발표 같은 사태에 대해 적대적 자세를 강화해나가는 과정에서 비롯되었다. 미국이나 영국에 공습 중단을 요구하고 기한까지 회답을 기다린 다음 이런 예고·공개 살인을 저질렀다.

참고로, 9월 21일 알제리에서 이슬람국가에 충성을 표명한 '칼리프군Jund al-Khilafah'이라는 집단이 프랑스인 산악 가이드 에르베 구르델Hervé Gourdel을 납치하고 프랑스군의 이라크 폭격 중단을 요구하며 살해 예고를 한 다음 24일에 살해 영상을 공개한 사례는 모방·호응에 따른 범죄라고 할 수 있다. 그러나 이들의 영상은 선명도나 연출 기법이 크게 뒤떨어진다.

시리아에서 발신된 서양인 인질의 살해 영상은 '알하야트 미디어 센터' 제작으로 명기되어 있는데, 그 양식과 기법이 매우 뛰어나다. 할리우드 영화를 모방한 듯한 극적인 몸동작과 카메라 앵글로 인질의 배후에 처형인이 서서 칼을 높이 들고 있는 영상이 공개된다. 처음에는 살해 예고로, 인질이 요구 사항을 읽게 한 다음 처형인이 기한을 경고한다. 그리고 미국이나 영국의 공습을 중단하라는 등의 요구가 받아들여지지 않으면 거의 정해진 기한에 맞춰 살해 영상이 발신되는데, 이 또한 일련의 동작이 양식화되어 있다.

서양인 인질은 모두 오렌지색 죄수복을 입고 있다. 아랍인과 이슬람교도가 쿠바의 관타나모 기지나 이라크의 아부그라이브 교도소에 수용되어 폭행과 굴욕을 당한 기억은 아랍 세계와 이슬람 세계에 선명하게 각인되어 있다. 그래서 미국에 수감당한 이들이 입었던 오렌지색 죄수복을 반대로 자신들이 구속한 서양인에게 입히고 요구 사항을 읽게 한 다음 살해하는 절차를 밟음으로써 속이 후련해진 일부 이슬람교도의 지지를 얻는 동시에 어디까지나 미국 측이 먼저 행한 부정에 대한 '정당한' 보복임을 주장하려는 것이리라.

오렌지색 죄수복을 입은 인질의 살해와 영상 공개라는 수법은 이슬람국가의 정체성이기도 하다. '타우히드와 지하드단'이 2004년에 대두할 때나 '이라크의 알카에다'로서 세계적인 관심을 높일 때도 이 양식에 따른 참수 처형과 영상 공개가 커다란 역할을 했다. 또한 각지의 무장 집단이 이 처형 양식을 모방했다. 그런 측면에서 생각하면 자신들이 이라크 전쟁 이후의 이라크 분쟁 속에서 정착하고 성장해 세계로 확산된 '테러 문화'의 이른바 '본점'이며 '원조'임을 재인식하라고 강요하는 듯이 보이기도 한다.

참수 영상의 교묘한 연출

흥미로운 것은 심사숙고한 흔적이 역력한 연출·각본과 카메라워크다. '알하야트 미디어 센터'의 공식 경로를 통해 발신된 서양인 참수 영상은 실제로 목이 잘리는 장면이 삭제된 경우가 많다. 당장이라도 참수할 것만 같은 순간에 영상이 어두워지고, 다시 영상이 밝아졌을 때는 살해된 시체가 쓰러져 있다. 전후 관계를 보면 분명히 그 자리에서 살해되었음을 알 수 있지만, 의도적으로 살해 순간을 편집한 것이다. 그런 편집이 가능하도록 처형인이 적절한 연기를 한다고도 할 수 있다.

잔혹함이 강조되는 인질 살해 영상이지만(그리고 실제로 잔혹하지만), 잔혹함만 추구한다면 살해 순간의 장면을 편집할 이유가 없다. 사실 살해 순간을 보여주지 않는 것은 매우 큰 효과가 있다. '그 순간'을 비추지 않고 관객에게 상상시키는 것은 연극적인 수법이다. 연극이나 텔레비전 드라마에서는 살인이 무수히 벌어지지만, 실제로 살인이 일어난 것은 아니다. 그러나 어떤 연출을 통해 관객이나 시청자는 그곳에서 살인이 일어났다는 스토리를 파악한다.

텔레비전을 켜서 실제 살인 사건을 보도하는 뉴스 방송을 보다가 채널을 돌렸더니 드라마에서 살인이 벌어지고 있는 경우가 종종 있다. 뉴스 프로그램의 살인과 관련된 보도에서 시체가 보이는 경우는 없지만, 그래도 시청자는 불안감이나 불쾌감을 느낀다. 그런데 채널을 돌려서 좀 더 명확한 범죄를 연기하는 드라마를 보더라도 시청자는 걱정하거나 경찰에 신고하지 않고 오락으로 즐긴다. 그것이 연기임을 알고 있기 때문이다.

이슬람국가의 살해 영상은 서양의 텔레비전 드라마 수준의 선명하고 세련된 영상 속에서 마치 연기를 하듯 처형이 진행되기 때문에 인터넷상에서 세계인이 그것을 '무심코 봐버릴', 좀 더 나아가면 몰래 '즐길' 가능성을 높인다. 매일 어느 채널에서 방송되고 있는 드라마처럼 연출되었기에 사람들이 그것을 보게 된다. 만약 연출 따위는 없는 끔찍한 살인 장면이라면 대부분의 사람은 그 영상을 보지 못할 것이며, 설령 보더라도 인격을 의심받을까 두려워 친구나 지인에게 전송하지 않을 것이다. 이슬람국가의 영상은 보는 이에게 최대한 공포를 불러일으키면서도 그것을 마치 연기처럼 보이게 함으로써, 그리고 연기가 아니라는 듯이 결정적인 순간을 삭제함으로써 이슬람국가와 상관없는 사람들도 시청하고 전송할 수 있도록 만들어졌다.

이슬람국가가 자신들의 존재를 선전하는 가장 효과적인 방법은 관계가 없는 제삼자에게도 흥미 본위로 전송되어 확산되도록 하는 것이다. 이를 위해서는 화제에 오를 정도로 충격적인 영상인 동시에 너무 잔인해서도 안 된다. 참고 볼 수 있을 정도로만 잔인해야 한다. 그리고 겉으로 보이는 잔인함을 완화시키는 것이 처형인의 연극적인 몸짓이다. 그래서 사람들은 영화나 드라마를 보는 듯한 착각에 빠져 영상을 보고 전송하며 화제로 삼는다. 이것이야말로 그 선전 영상들의 목적이다. 그리고 이런 고도의 연극적 연출 기법을 숙지한 사람이 이슬람국가의 인질 살해 영상에 관여하고 있을 가능성이 있다.

이슬람국가의 인질 살해 대상은 서양인에 국한되지 않는다. 시리아군 병사나 경찰관, 지배에 저항한 것으로 보이는 쿠르드 부족이나 이교도 등이 대규모로 살해된 사례가 많이 보고되었다. 그런 영상들은 휴대전화 등으로 촬영했는지 화질이 선명하지 않은 경우도 있으며, 비공식 트위터 계정 등을 통해 유출된다. 이슬람국가에 동조하는 사람들로 구성된 미디어 선전 별동대인 '아마크Amaq'는 이런 영상도 이용하며 선전 영상을 대량으로 유출시키고 있다.

그중에는 이슬람국가 측이 보낸 영상도 있는데, 그런 경우에는 연출의 의도나 효과가 좀 더 명확하다. 미국인 피터 캐식의 영상을 담은 '불신앙자는 혐오하지만'이라는 제목의 비디오에는 시리아군 병사로 보이는 인질 22명을 처형인 22명이 나이프로 차례차례 살해하는 모습을 찍은 영상이 함께 수록되어 있다. 흥미로운 점은 이 영상의 경우 처형인이 복면 등으로 얼굴을 가리지 않았다는 사실이다. 얼굴을 노출한 처형인은 대부분 서양 출신으로 보인다. 개중에는 이민자의 자손이 아니라 개종자로 보이는 사람들도 섞여 있다. 조직 구성원 중에서 압도적으로 낮은 비율일 터인 서유럽의 백인 개종자를 선전 비디오에 적극적으로 등장시키고 그 얼굴을 찍는 이유는 서양인의 관여를 과시함으로써 서양 사회에 충격을 주기 위함이다.

공개된 영상은 16분 정도인데, 세심하게 연출·각색되었다. 미국의 테러리즘 연구분석 컨소시엄TRAC: Terrorism Research and Analysis Consortium이나 영국의 킬리엄 재단Quilliam Foundation의 분석에 따르면 영상에 비친 광선의 상태나 그림자 등을 볼 때 네 시간에서 여섯 시간 동안 촬영했으며 약 20만 달러에 이르는 기자재를 사용한 것으로 추정된다고 한다.

'알하야트 미디어 센터'가 인질 살해 영상만 발신하는 것은 아니다. 각 지역을 제압하면 주민에게 식량을 배급하는 모습을 내보내 '선정善政'을 연출했다. 이라크와 시리아에서 세력을 확대한 직후에 공개한 '사이크스-피코의 붕괴'라는 제목의 비디오에는 이라크·시리아 국경선상의 장애물을 파괴하는 모습이 담겨 있다.('사이크스-피코'는 제1차 세계대전 후 오스만 제국을 분할 통치하기 위해 영국과 프랑스가 맺은 '사이크스-피코 협정'을 의미한다. 이 협정으로 현대 아랍의 국경선이 획정되었다 - 옮긴이) 이것은 아랍 세계의 정권과 지식인들이 지속적으로 주장해온, 식민주의자들이 자의적으로 그린 국경이 문제라는 식민주의적 사상에 입각한 것이다.

'무자트윗Mujatweet'(지하드 전사를 의미하는 '무자헤딘'과 트위터의 '트윗'을 합성한 단어로 추정된다)이라는 소품 시리즈에서는 독일에서 건너온 젊은이의 감수성 넘치는 옆얼굴을 다큐멘터리의 느낌으로 찍었다. 액션 영화의 예고편을 연상시키는 '전쟁의 불꽃'도 그 완성도가 뛰어나다. 11월 중순에는 '무슬림의 기쁨'이라는 제목의 장편 이미지 비디오를 공개했는데, 시리아 북부 라카의 주민으로 추정되는 사람들이 한 명씩 카메라 앞에서 이슬람국가의 지배가 가져온 안정과 이슬람법을 준수함으로써 얻게 되는 마음의 평안을 이야기하는 내용이었다.

이와 같이 선전 영상의 표현과 취향은 무척이나 다채롭다.

《다비크》의 종말론적 색채

지금까지 선전 영상에 사용되는 상징이나 연출 효과에 관해 살펴보았는데, 성명문이나 잡지에서도 다양한 상징을 교묘하게 구사하고 있다.

이슬람국가가 칼리프제를 선언한 직후인 2014년 7월에 제1호가 공개된 《다비크》는 12월 중순 현재 제5호까지 인터넷에 공개된 것으로 확인되었다.

먼저 각 호의 내용을 살펴보자. 각 호의 표지에는 그 호의 주제라고 할 수 있는 제목이 붙어 있다. 이것을 각 호의 표제라고 생각해도 된다. 각 호의 표제와 간행 시기, 그리고 편집부가 선정한 '커버스토리', '추천 기사'인 듯한 표지 하단의 기사 제목을 정리했다.

《다비크》제1호 '칼리프제의 부활'(히즈라력 1435년 라마단월＝서기 2014년 6~7월)
'이라크와 샴에 관한 보고서'
'히즈라에서 칼리프제로'
'지도권은 이브라힘의 종교 공동체에서 유래한다'

《다비크》제2호 '홍수'(히즈라력 1435년 라마단월)
'이슬람국가냐 홍수냐다'
'특집 : 무바라크의 홍수'

《다비크》제3호 '히즈라를 향한 호소'(히즈라력 1435년 샤왈월＝서기 2014년 7~8월)
'위선에서 독신篤信의 히즈라로'
'오바마의 손은 폴리의 피로 젖어 있다'
《다비크》제4호 '실패한 십자군'(히즈라력 1435년 둘히자월＝서

기 2014년 9~10월)

'특집 : 최후의 십자군에 관한 고찰'

'종말의 날을 앞둔 노예제도의 부활'

《다비크》제5호 '나머지, 확대되다'(히즈라력 1436년 무하람월 =
서기 2014년 10~11월)

'나머지, 확대되다'

'야흐야 – 순교자의 교훈'

각 호의 표제나 '추천 기사'에서도 명확히 알 수 있는 것이
종말론적 색채다. 잡지의 제목인 '다비크'도 하디스에 기록된,
종말의 전조가 되는 전란이 발생하는 지명에서 따온 것이다.

다비크는 시리아의 북부 도시 알레포에서 북쪽으로 40킬로
미터쯤 떨어진 곳에 있는 인구 3,000명 정도의 평범한 마을이
다. 그런데 이 마을의 이름이 이슬람교의 교리서에 기록되어
있다. 예언자 무함마드가 말했고 무슬림 이븐 알하자지Muslim
ibn al-Hajjaj(815~875년)가 편찬한 『사히흐 무슬림』(무슬림이 편
찬한 진정집眞正集)에도 수록되어 있는 하디스에 종말 전의 최종
전쟁이 시작되는 장소로 다비크라는 이름이 인근 마을인 아
마크와 함께 기록되어 있는 것이다.

《다비크》는 제1호의 권두 기사로 이 하디스를 전문全文 인용하고, 또 말미에서 다시 한 번 전문을 인용했다. 다비크의 이름이 담긴 하디스는 『사히흐 무슬림』의 일본어판(일본무슬림협회 간행) 제3권의 「피탄과 최후의 날에 관한 서書」라는 장에 '콘스탄티노플의 개성開城에 관해'라는 제목으로 수록되어 있다(739~740쪽). '피탄'은 종교와 공동체를 위협하는 시련을 의미하는 아라비아어 '피트나'의 복수형으로, 최후의 날(종말의 날)에 앞서 일어날 전란에 관한 기록을 담은 하디스가 이 장(하디스 모음집에서는 주제별로 각 장을 '서書'로 표기한다)에 수록되어 있다. 그 앞부분은 다음과 같다.

아부 후라이라가 전하기를
알라의 사자는 이렇게 말씀하셨다.
"'최후의 날'은 로마인들이 아마크 또는 다비크(주注)에 상륙하기 전까지는 찾아오지 않으리라.
그때의 토지에서 가장 뛰어난 병사로 구성된 군대가 그들에 맞서기 위해 마디나를 출발하리라.
전열을 가다듬으면 로마인들은 '우리와 우리 중에서 포로를 잡을 수 있는 적(무슬림)과의 사이를 좁혀라. 그들과 싸우자'라고 말하리라.

한편, 무슬림들도 '알라에게 맹세하나니! 우리는 결코 물러서지 않을 것이다!'라고 말하리라.

그러나 싸움이 시작되고 얼마 되지 않아 군대의 3분의 1은 도망치리라.

그런 그들을 알라는 결코 용서하시지 않으리라.

다른 3분의 1은 전사하지만, 그들은 알라의 눈에도 훌륭한 순교자들이리라.

나머지 3분의 1은 부상을 입지 않고 승리하며, 콘스탄티노플을 점령하리라.

(……)

여기에서 '다비크'라는 말에 붙은 역주를 보면 '아마크와 다비크 모두 마디나 근교의 지명. 다른 설에 따르면 시리아의 알레포 근교에 있는 부락의 이름이라고도 한다'라고 나와 있다. 여러 가지 설이 있다고 해도 현재의 시리아 북부 알레포의 근교에 있는 다비크와 아마크를 종말 전에 일어날 전란의 땅으로 믿는 교리는 정통인 듯하다. 일본무슬림협회에서 간행한 『사히흐 무슬림』은 인터넷(http://hadith.main.jp/)에서 전문을 열람·검색할 수 있다.

이슬람교의 종말 전조론은 지배하에 둔 중동 각지의 설화와 전설 등을 흡수한 듯하며 스토리가 매우 복잡하게 전개된다. 전반 부분을 인용한 이 하디스에서도 콘스탄티노플을 일단 정복한 뒤, 샤이탄(악마)이 거짓 구세주(다잘)를 데리고 오자 이들과 싸우기 위해 다시 대열을 정비한다. 그리고 여기에 구세주 예수가 찾아와 알라의 적을 창으로 쓰러뜨린다고 한다.

그 밖에도 다른 종말의 날 전조로는 무엇이 있고 거짓 구세주 다잘과 진정한 구세주는 어떻게 다른지 등등 하디스에는 다양한 종말 징조론이 있으며, 엄선해서 편찬한 무슬림편의 진정집에도 이 가운데 다수가 실려 있다. 그 분량은 일본어판 『사히흐 무슬림』 제3권 727~784쪽까지 58쪽에 이른다. 다른 주제의 장에서도 종말에 관한 하디스를 종종 발견할 수 있다.

하디스 모음집에서 큰 비중을 차지하는 종말론, 특히 종말 전조론의 뼈대는 종말 직전에 발발한다는 선의 세력과 악의 세력의 최종 전투다. 유력한 하디스에는 이 전투가 어디에서 어떤 신호와 함께 시작되는지, 또 어떤 세력이 등장하는지와 같은 문제에 대한 신자들의 질문에 대답하는 예언자의 발언이 다수 실려 있다.

종말의 날에 신의 의지로 전 세계가 붕괴되고 모든 인류가 그때까지 자신이 한 행동에 대해 심판 또는 보답을 받는다는 종말론 신앙은 『쿠란』의 초기 계시에 강조되어 있다. 『쿠란』에서는 종말이 도래하는 순간의 풍경, 그 후의 알라의 준엄한 심판, 지옥과 천국으로 갈라진 사람들의 고통과 행복 등에 관해 매우 극명하게 묘사되어 있다. 그러나 그 종말에 이르기까지의 전개에 관해서는 단편적으로만 적혀 있다. 이를 보완하고자 종말에 이르는 과정에서 인류가 직면할 사건에 관해 예언자 무함마드가 발언했다고 알려진 하디스가 널리 수집되었다.

종말의 전조에 관한 수많은 하디스는 세부적인 내용이 저마다 달라도 중심적인 주제는 변함이 없다. 인류가 전례 없는 대전란에 휩싸인다는 것이다. 그리고 시리아 북부의 아마크와 다비크는 최후의 전란이 일어날 것이라고 정통적인 하디스에 언급된 장소로 믿어지고 있기에 이슬람교도의 세계관 속에서 상징적인 의미를 지닌다.

이슬람국가는 시리아 북부에 진출하기 전부터 이 상징적인 의미를 지닌 지명에 주목했던 듯하다. 최후의 전투에서 일익을 담당할 존재라며 자신들을 선전할 때 일찍부터 다비크를 언급해왔다. 2014년 8월부터 9월에 걸쳐 서양인 살해 장면을 찍은 선전 영상도 실제로 다비크 근교에서 촬영한 것 같다. 이슬람국가는 세력을 확장해가는 가운데 종말론적인 세계관과 현실을 일체화함으로써 자신들의 존재 의의를 증명하려 하고 있다.

이슬람국가는 잡지 《다비크》를 주요 선전 매체로 정착시켜나갔는데, 하디스에 다비크와 함께 기록된 아마크라는 마을의 이름도 이슬람국가에 동조해 그들의 전투 비디오를 편집·발신하는 조직의 명칭으로 사용되고 있다. 이슬람국가의 전과를 선전하는 비디오 중에는 화면 오른쪽 위에 '아마크'의 로고가 들어가 있는 것이 많다. 이슬람국가가 공식 미디어 부문으로 인정하는 '알하야트 미디어 센터'와는 별도로 '아마크'는 전투 장면을 가득 담은 용맹한 선전 비디오를 편집해 잇달아 인터넷에 유통시켰다.

이슬람국가와 그 동조자들은 이슬람교 규범의 전거인 하디스에 근거를 둠으로써 자신들의 존재와 행동을 성스러운 상징체계 속에 위치시킨다. 그 상징체계의 성스러움을 인정하는 신앙자들에게 이슬람국가의 주장과 행동은 저항하기 어려운 유인력誘引力을 지니는 것이다.

1990년대의 종말론 열풍을 이어받다

종말론, 특히 종말의 전조가 되는 선의 세력과 악의 세력의 전란에 관한 이슬람교의 교리는 이슬람국가가 만들어낸 것이 아니다. 종말론 자체는 이슬람교의 근본 교리이므로 그것을 주장한다고 광신자나 사이비라고 말할 수는 없다. 또한 『쿠란』에 묘사된 종말이 바로 지금 찾아오려 하고 있으며 하디스에 나오는 온갖 종말의 전조가 세계 각지에서 이미 나타나고 있다는 인식에서 종교적 교리와 현실 세계의 사건이 들어맞음을 하나하나 지적하고 현실 정치상의 의미를 묻는 논의는 이미 1990년대 아랍 세계에서 크게 유행했다.

　나는 1990년대에 유행한 음모사관과 합체한 형태로 종말의 전조와 현실의 국제·국내 정치가 그대로 들어맞는다고 주장하며 종말의 도래에 대한 불안감과 희망을 이야기하는 문헌들을 분석해 논문과 책을 쓴 적이 있다.(『현대 아랍의 사회사상 – 종말론과 이슬람주의現代アラブの社会思想—終末論とイスラーム主義』, 2002년) 당시는 인터넷이 널리 보급되지 않았기 때문에 종말 전조론은 종이 매체로만 유통되었다. 오싹한 삽화를 듬뿍 집어넣은 종말론 문헌은 예언자의 하디스를 다수 인용하는 방식으로 정통 종교서의 형식을 갖춰 신뢰성을 높임으로써

정치적 불의에 대한 분노와 사회 경제적 격변에 대한 불안감
에 동요하는 민심을 사로잡았다.

1990년대에 길거리 서점의 진열대를 가득 채웠던 종말 전
조론은 2000년대 이후 인터넷 공간으로 옮겨갔다. 그 분량이
방대한 하디스의 유통 매체로는 책보다 인터넷이 더 적합하
다고 할 수 있다. 방대한 하디스 전집을 전부 읽어볼 필요 없
이 웹사이트에 업로드된 문헌을 검색하면 된다. 종말의 전조
를 둘러싼 키워드를 입력하면 관련된 하디스가 검색된다. 또
인터넷상에 무수히 개설된 종교 게시판을 찾아가 국제정치
의 사건들과 대조하며 하디스 읽는 법을 물어보면 종이 매체
로 된 종말론 문헌을 독파한 선행 세대가 즉시 가르쳐준다. 이
렇게 해서 디지털 세대인 신세대에 1990년대의 유행이 자연
스럽게 계승되었다. 이슬람국가는 《다비크》를 통해 종말을
둘러싼 논의에 다시 불을 지필 필요가 없다. 아랍 세계의 언설
공간에서는 이미 '상식'이 되어 있기 때문이다.

종말론의 두 가지 의미

다만 종말론의 유행이나 전조의 출현에 대한 의식이 과격주

의자의 무장봉기 같은 정치적·군사적 행동으로 직결되지는 않는다. 가까운 미래에 종말이 찾아오리라고 믿는다면 이슬람교도는 그때 보상받을 것을 이미 보장받았으니 굳이 행동할 필요가 없다는 생각도 성립한다. 또는 현실 세계의 불의를 바로잡기는 이미 불가능하니 종말이 와서 알라가 압도적인 힘으로 정의를 실현해주길 기다린다는 체념과 타력본원他力本願 의식의 표출로서 종말론이 확산될 가능성도 있다.

실제로 1990년대에 종말론의 유행과 9·11 테러 사건으로 최고조에 이른 알카에다의 전개는 시기가 일치하지만 직접적인 연결성은 부족하다. 빈 라덴 등은 가까운 미래에 찾아올 종말에 대한 불안감이나 기대를 부추기는 당시의 유행과 거리를 두었으며, 직접 무기를 들고 지하드를 실천하라고 부추겼다. 물론 이슬람 세계의 현재 상황을 통탄스러운 쇠퇴의 시기로 인식하고 그 배후에 서양과 유대 세력이 있음을 믿어 의심치 않는 음모사관이 종말론과 합체해 유행함으로써 서양에 대한 적개심·반감을 종교적인 관점에서 강화했다는 의미에서 보면 알카에다의 반미 지하드에 유리하게 작용했을 것이다.

그러나 종말론과 음모사관이 그런 상황을 뒤엎기 위한 이슬람교도 개개인이나 사회의 분투노력을 촉진한다고만 하기는 어렵다. 오히려 어차피 종말이 찾아와 알라께서 심판을 내려주실 터이니 굳이 내가 나설 필요는 없다는 인식을 심어줄 수도 있다. 종말론의 강조는 자신의 행동과 상관없이 가까운 미래에 정의가 실현될 것이라는 믿음을 줌으로써 현실에 안주하고 행동을 회피할 구실을 이슬람교도 사이에 확산시킬 우려가 있는 것이다. 빈 라덴과 자와히리 등 알카에다의 지도자들은 이 점을 인식하고 있었기 때문에 동시대에 유행한 종말론에 편승하는 일은 거의 없었다.

2010년대 전반에 '아라비아 반도의 알카에다'가 간행한 기관지《인스파이어》에서도 종말론은 강조되지 않았다.《인스파이어》는 '말라힘'이라는 미디어 부문의 조직이 간행했는데, '말라힘'은 '종말 전조로서의 큰 전쟁'을 의미하는 '말라하마'라는 말의 복수형이다. 그런데《인스파이어》의 지면은 오로지 물질적이고 실천적인 테러 수법의 지도나 수리로 대표되는 론 울프형 테러의 방법론으로 채워져 있었다. 선진 각국에서의 소규모 테러를 각지의 동조자들이 각자의 창의적인 아이디어로 실행하라고 호소했으며, 종말 직전 대전란에 휩싸이게 될 것이라는 식의 장대하고 초월적인 모티프는 찾아볼 수 없었다.

예언자의 지하드와 연결시키다

그런데《다비크》는 종말론을 전면에 내세웠다. 그와 동시에 이슬람국가로 이주해 직접 무기를 들고 전쟁터에서 지하드를 실천하라고 강력히 독려하고 찬양한다. 이 논리는 어떻게 만들어졌을까?

종말론과 테러·무장봉기 사상은 그렇게 간단히 융합할 수 있는 것이 아니다. 종말론은 궁극의 비관론으로, 체념 속에서 알라가 개입할 것을 기대하며 확신한다. 결과적으로 사람들을 비非행동주의에 빠뜨릴 수도 있다. 그러나 무장 지하드에 사람들을 동원하려면 설령 자신이 목숨을 잃더라도 그 후의 무장투쟁에서 반드시 승리할 것이라고 믿어 의심치 않는 낙관주의에 바탕을 둔 행동주의가 필요하다.

《다비크》의 지면에서는 종말적인 비관론과 낙관적인 행동주의를 양립시키는 교묘한 스토리가 전개된다. 이슬람국가의 진격을 7세기에 예언자와 교우들이 실행한 지하드와 연결시키는 것이다.

제1호인 '칼리프제의 부활'에서는 책머리의「잡지 다비크」에서 잡지의 창간 취지를 밝혔다. 먼저 앞서 인용한 하디스에서 다비크라는 이름이 종말론의 상징으로서 지니는 의미를 해설하고, 현재 다비크의 지배를 둘러싸고 이슬람국가와 현지 시리아인의 세속적 반체제 세력 사이에서 벌어지고 있는 전투를 종말 전조로서의 전란이라고 주장했다. 그리고 이슬람국가 전신 조직의 창설자이며 2006년에 살해된 자르카위의 발언을 인용해 이슬람국가가 처음부터 이런 종말 직전의 최종 전투에서 승리하기 위한 선의 세력으로 창설되었다는 인상을 심어주려 한다. 이라크에서의 지하드가 시리아로 확대되어 다비크를 둘러싼 하디스가 현실화되었으며, 이것이야말로 종말 전조로서의 전란임을 자르카위가 이미 예언했다고 주장한 것이다.

이라크에서 반미 무장투쟁이 시작된 시점에 이미 종말적인 최종 전투는 시작되었으며 정해진 운명대로 다비크를 둘러싼 선과 악의 대결이 벌어지고 있다면서 이슬람국가의 세력 확대 자체가 신조神兆의 일부라고 주장했다. 칼리프 취임을 선언한 바그다디의 연설에서는 "세계가 선과 악의 두 진영으로 나뉘었다"라는 구절 하나를 인용해 이슬람국가를 종말론적인 선악의 싸움에서 선의 세력으로 위치시켰다. 또한 '히즈라의 호소', '모든 무슬림을 향한 호소 – 의사, 기술자, 학자, 전문가여' 같은 바그다디의 발언을 발췌해 세계의 이슬람교도는 최후의 전투를 위해 "이슬람 국가로 이주(히즈라)해야 한다"라고 주장했다.

　시리아와 이라크 각지의 상황을 보고하는 문서에서 제일 먼저 나오는 것은 제압한 지역의 부족 세력과의 합의 기사다. 「알레포의 부족 집회」라는 이 기사는 이슬람국가가 알레포 부근의 지배 지역을 '알레포 주Wilayat Halab'라는 행정구역으로 지정한 다음 '주' 내에 있는 부족들과 모임을 갖는 모습을 보도했다. 칼리프제의 지배를 받아들이게 하고 이슬람법적인 의무를 지키게 하며 다양한 은전을 제공해 부족 세력의 지지를 확보했다고 주장하는데, 이것은 예언자 무함마드의 지하드 과정을 현재의 진군과 연결시키고 있는 것 같다. 하디스에는 무함마드가 각지에 토벌군을 보내는 동시에 부족들과 조약을 맺어 지배하에 둔 업적이 많이 기록되어 있는데, 지금 이슬람국가의 확대를 통해 이슬람교가 또다시 그 업적과 똑같은 승리를 거두고 있다는 인상을 주려는 의도일 것이다.

　하디스의 종말론과 현대의 전란의 '일치성'을 보여줌으로써 현재의 국제정치 질서나 지배 체제의 붕괴에 대한 기대를 키우려 하는 것인데, 이뿐만이 아니다. 《다비크》는 예언자 시대의 아라비아 반도나 중동의 전란 기록과 현재 아랍 세계의 동요와의 '일치성'도 강조하며 이슬람국가야말로 종말적인 전투에서 선의 세력을 담당하는 동시에 초기 이슬람의 정복

과정을 재현하고 있다고 주장한다. 종말이 도래함에 따라 마치 예언자가 히즈라와 지하드를 행한 이슬람 역사의 출발점으로 되돌아간 것처럼 사람들이 이슬람국가로 이주해 싸움으로써 칼리프제의 부활이 이루어진다는 스토리를 그려나간다.

큰 틀에서는 종말론과 초기 이슬람 지하드의 상징체계를 채용하는 한편, 제1호에서는 고전적인 법학서의 정설에 의거해 칼리프제 선언의 정당화 논리를 전개했다. 이슬람 공동체의 지도자인 칼리프(이맘)의 추대는 알라가 계시한 규범에 따른 것이며, 이맘은 정치적 지도자라는 기본적인 원칙을 확인한다.

《다비크》제2호 '홍수'에서도 종말론적인 큰 틀 안에서 이슬람국가에 참가하는 의미를 부여했다. 구약성서와 『쿠란』에 공통되는 노아의 방주 설화와 현대의 배교자로 가득 찬 세계를 결부시키고, 이슬람국가로 이주하는 것은 홍수에서 살아남은 선택받은 자의 행동을 재현하는 것이라고 주장했다.

《다비크》제3호에서는 노골적으로 '히즈라'라는 말을 사용하며, 종말 전조로서의 '큰 전쟁(말라힘)'이 벌어질 샴으로 '이주'하는 것이야말로 현대의 '히즈라'라고 하디스나 중세 신학자들의 말을 참조해 주장했다.

《다비크》제4호 '실패한 십자군'에서는 중세 십자군의 패배를 다비크에서 벌어지는 종말 직전의 전투에서 악의 세력이 패배한다는 하디스의 예언과 결부시키고, 이와 마찬가지로 현대의 십자군(=악의 세력)인 미국이 시리아 땅에서 패배하는 것도 필연이라는 논리를 펼쳤다. "알라의 신성한 법령에 따라 역사는 반복된다. 이것은 알라가 창조를 통해 정하신 관행(순나)이다"라면서 『쿠란』제33장 '부족 연합' 제62절과 제48장 '승리' 23절에 나오는 '관행'의 절대성에 관한 어구를 제시하고, "이 신성한 법령으로부터 빠져나올 길은 없다. 그것은 반드시 일어난다. 반드시"라고 단정하며 다음과 같이 전개해나갔다.

교우들과 그들을 따르는 자들이 아라비아 반도와 페르시아, 인도의 다신교도들을 붕괴시킨 이래 지하드는 십자가에 무릎 꿇는 로마인들을 상대로 계속되었다. 이슬람교도와 십자군 사이의 온갖 전쟁에서 샴은 중요한 역할을 담당했다. 그곳에서 구세주 예수의 손에 압제자의 십자가가 파괴될 것도 틀림이 없다.

_「최후의 십자군에 관한 고찰」, 《다비크》제4호, 32쪽

이와 같이 종말을 앞두고 선과 악의 싸움이 벌어진다는 종

말론의 상징체계에 예언자 무함마드의 지하드를 통한 승리는 역사 속에서 반복된다는 역사관의 상징체계를 더함으로써 종말론을 현재의 전쟁에 몸을 던지기 위한 원동력으로 승화시키려 하는 것이다. 교묘한 상징 조작이라고 할 수 있다.

그리고 《다비크》 제4호에 수록된 「종말의 날을 앞둔 노예제도의 부활」이라는 기사는 국제적인 비난과 혐오감을 불러일으켰다.

이것은 이슬람국가가 이라크 북부 니나와 주에 있는 신자르를 점령했을 때 야지디교도를 노예화한 문제를 이슬람 법학으로 정당화한 기사다. 이 기사는 이교도에 대한 가혹한 취급을 다수 규정한 『쿠란』 제9장 '회개'의 제5절, 일명 '칼의 구절'을 인용한 뒤(14쪽), 중세 이슬람 법학의 정설적 논의에 입각해 다신교도가 선교에 따르지 않을 경우에는 토벌해 죽이거나 노예화한다는 선택지가 있다는 결론을 도출했다. 그런 다음 야지디교가 다신교임을 논증해 노예화를 정당화하고, 이에 따라 이슬람국가는 야지디교도를 노예로 만들어 팔았으며 이것은 예언자의 교우들도 행한 정당한 행위라고 당당한 태도를 보였다(15쪽). 그뿐만이 아니라 하디스를 인용해 노예제도의 부활이야말로 종말의 전조라고 주장했다.

우리는 대大말라하마(종말 직전에 벌어지는 최대의 전투) – 그것
이 언제이든 알라의 명령으로 도래한다면 – 에 가까워지고 있
는데, 흥미로운 점은 노예제도가 대말라하마의 배후 원인 중 하
나일 뿐만 아니라 종말의 전조 중 하나로도 언급되었다는 사실
이다. ──「종말의 날을 앞둔 노예제도의 부활」,《다비크》제4호, 15쪽

여기에서 이 기사의 필자는 '노예 소녀가 주인의 아이를
낳는' 것이 종말의 전조 중 하나라고 말한 예언자의 하디스
를 언급하고, 그 하디스가 무함마드 알부카리Muhammad al-
Bukhari(810~870년)나 무슬림이 편찬한 진정성에 의심의 여지
가 없는 하디스 모음집에 수록되어 있으며 아부 후라이라와
오마르 같은 신뢰성 높은 전승자를 통해 전승되었다며 정당
성을 강조했다. 또한『쿠란』제23장 '신자들'의 제1~7절을
인용하고, 제6절의 '그들의 오른손에 소유하는 자(노예)'(일본
무슬림협회 판)와의 성 교섭은 합법이라고 해석할 수 있는 문
장을 바탕으로 이런 선언도 했다.

불신앙자의 가족을 노예로 삼고 그 여성들을 첩으로 삼는 것은
견고하게 확립된 샤리아의 측면이라는 사실을 잊어서는 안 된
다. 만약 이것을 부정하거나 비웃는다면『쿠란』의 구절과 예언

자의 하디스를 부정하거나 비웃는 셈이다. 이는 이슬람교에 대한 배교다. _「종말의 날을 앞둔 노예제도의 부활」,《다비크》제4호, 17쪽

이슬람교의 신성한 경전과 그에 버금가는 교전敎典을 통해 이와 같이 현대 국제사회의 규범에서 일탈하는 결론을 이끌어낸 것에 대해 세계의 이슬람 법학자들은 어떻게 반응하고 있을까? 이런 법학 해석의 근거나 논리 전개에 정면으로 반론하는 학자가 나오지 않는다면 다음 세대는 과격 사상을 정당한 것으로 여기며 자랄 수 있다. 이슬람 세계에서도 종교 교전에 대한 인문주의적 입장에서의 비판적인 검토를 허용하고 종교 간의 평등과 종교 규범의 상대성 같은 개념을 받아들이는 종교 개혁이 필요한 시기가 아닐까?

8
중동 질서의 행방

분수령으로서의 이슬람국가

2014년에 대두한 이슬람국가는 중동의 국제 질서에 충격을 던졌다. '아랍의 봄'을 통해 각국 정부가 연쇄적으로 동요해 중동의 국제 질서에 균열이 생긴 결과 이슬람국가가 활동할 곳이 만들어졌다. 반대로 이슬람국가의 급격한 성장은 중동 질서의 해체를 가속화시켰다. 그렇다면 새로운 질서의 싹은 어디에서 찾을 수 있을까?

미래를 예측하기 위해 이 장에서는 먼저 중동의 근현대사 속에 이슬람국가의 대두라는 현상을 위치시켜보도록 하겠다. 그런 다음 이슬람국가를 기점으로 한 중동 질서의 구조 변동이 향후 어떤 방향으로 진행될지, 그 결과 미래에 어떤 중동 질서가 출현할지 전망해보자.

'구조 변동'이나 '전환점' 같은 말은 남용되는 경향이 있다. 논객들은 지금 일어나고 있는 사건이나 현상의 중대성을 표현하기 위해 과장된 표현을 종종 사용한다. 만약 국제정치 전문가들의 이야기를 액면 그대로 받아들인다면 '분수령'이 매년 나타나게 될 것이다. 이런 측면을 감안하더라도 2014년의 이슬람국가 대두가 중동 정치에 한 획을 그었다는 점, 다음 시대를 향한 변동의 기점으로서 매우 중요하다는 점은 분명하다.

20세기 초반부터 현재까지의 약 1세기를 되돌아보면 '분수령'이나 '전환점'으로 부를 만한 큰 변동의 시기가 몇 차례 있었다. 그런 과거의 시기를 생각했을 때 현재는 어떤 전환점이라고 할 수 있을까? 중동이라는 지역이 근대에 형성되고 변화해온 과정에서 중요한 변화의 시기라고 하면 1919년과 1952년, 1979년, 1991년, 2001년, 2011년이 떠오른다. 중동 근현대사의 분수령으로 여겨지는 이 시기에 무슨 사건이 일어나서 중동의 질서가 어떻게 형성되고 재편되었을까? 그 역사의 전제와 흐름에 비춰볼 때 2014년의 이슬람국가 대두는 어떤 의미를 지닌다고 생각할 수 있을까?

제1차 세계대전 이후의 중동 질서

이슬람국가가 이라크와 시리아의 광범위한 영역을 지배하기 시작한 2014년으로부터 딱 100년 전인 1914년에 제1차 세계대전이 시작되었다. 제1차 세계대전과 그 전후戰後 처리는 현재에 이르는 중동의 근대 국제 질서의 원형을 형성했다.

독일과 오스트리아 등 동맹국 측에 서서 전쟁에 뛰어든 오스만 제국은 영국과 프랑스를 중심으로 한 연합국에 패배했고, 그 결과 오스만 제국의 지배 영역 가운데 터키인이 아닌 민족이 주로 사는 지역들이 해체되고 분해되어 식민 지배를 받게 되었다. 미국의 윌슨Thomas Woodrow Wilson(1856~1924년) 대통령이 제창한 민족자결주의의 영향으로 영국과 프랑스는 '위임통치'라는 위장막과 함께 일정 기간 이후의 독립을 전제로 한 잠정적인 형식으로 중동 지역을 식민지화했다.

근대 아랍 국가들은 영국과 프랑스의 식민지 분할 환경 속에서 독립을 향한 투쟁과 교섭을 통해 형성되었다. 그 과정에서 아랍인들은 단일국가로 뭉치지 못하고 복수의 국가로 갈라져서 독립했다. 한편 중동의 네 나라에서 소수파로 살고 있는 쿠르드인은 하나의 국가도 얻지 못했는데, 이것이 현재까지 중동에서 일어나는 혼란의 요인이 되고 있다.

1919년의 베르사유 조약은 제1차 세계대전의 전후 처리와 새 질서 형성에 대한 대표적인 국제 협정이다. 다만 베르사유 회의에서 중동과 오스만 제국의 영토에 관한 문제는 거의 해결되지 않았으며 조약도 체결되지 않았다. 영국과 프랑스가 주도한 전후 중동 질서의 큰 틀을 만든 것은 1916년에 영국과 프랑스, 그리고 러시아가 가담해 비밀리에 맺은 '사이크스-피코 협정'이다. 이것은 오늘날까지 중동 국가들이 제대로 기능하지 못하는 간접적인 원인으로 여러 차례 지적되어왔다. 현재 이라크와 시리아의 국경을 넘나들며 성장하고 있는 이슬람국가 집단은 바로 이 사이크스-피코 협정을 통해 만들어진 질서의 타파를 외치고 있다.

그런데 사이크스-피코 협정을 통해 자의적으로 국경선이 그려진 지역은 주로 아랍인과 쿠르드인이 사는 영역이다. 터키는 오스만 제국이 붕괴되는 과정에서 군인들을 중심으로 민족국가 건설에 나섰고, 영토를 되찾아 터키 공화국을 수립했다.

오스만 제국은 술탄이 1920년의 세브르 조약을 받아들임으로써 영토의 대부분을 잃었는데, 무스타파 케말 아타튀르크Mustafa Kemal Atatürk(1881~1938년) 등 터키 민족주의자들은 이를 받아들이지 않고 독립전쟁(1919~1922년)을 벌였다. 무스타파 케말 등은 1920년 4월 앙카라에서 대人국민의회를 소집하

220

고 이스탄불의 오스만 제국 술탄과 제국 의회를 대신해 터키 민족을 대표할 정부를 수립했다. 그리고 동부 전선(주로 아르메니아와 소련)과 남부 전선(프랑스와 시리아), 서부 전선(그리스)을 침입한 세력을 격퇴했으며 1921년에는 프랑스와 앙카라 조약을 맺어 시리아와의 국경을 정했다. 이 조약을 통해 터키는 프랑스와 전쟁을 끝내는 동시에 사이크스-피코 협정을 바탕으로 세브르 조약에서 확인되었던 터키와 시리아 사이의 국경을 터키 쪽에 유리하게 다시 그리는 데 성공했다.

이에 따라 메르신과 아다나, 안테프(현재의 가지안테프), 킬리스, 우르파(현재의 샨르우르프), 마르딘 같은 아나톨리아 남부의 도시들이 터키에 편입되었다. 터키 대국민의회 세력은 독립전쟁을 통해 제1차 세계대전 도중과 그 후에 빼앗겼던 영토를 상당 부분 되찾고 국경선을 다시 그린 셈이었다. 터키와 아랍의 국경은 이 시기에 거의 결정되었다. '거의'라고 쓴 이유는 1939년에 제2차 세계대전 직전의 국제 정세를 배경으로 유리한 위치에서 프랑스와 교섭을 진행한 터키가 프랑스 위임통치령 시리아에서 이스켄데룬(현재의 하타이)을 할양받았기 때문이다.

1922년 8월 30일 그리스와의 전쟁에서 승리한 터키는 1923년 7월 24일에 로잔 조약을 맺었다. 동부에서는 아르메니아의 영역을 축소시키고 아나톨리아 반도에서 그리스 세력을 몰아낸 독립이었다. 이에 따라 제1차 세계대전과 이를 계기로 일어난 오스만 제국의 붕괴가 종료되었다. 붕괴를 동반한 전란 속에서 터키 공화국이 탄생했으며, 이 나라의 국경선은 구심력 있는 공고한 국민의식을 지닌 터키인들이 자신들의 힘으로 지켜낸 결과물이었다. 이것은 아랍 세계와 대조적인 모습이다.

그러나 이 과정은 수많은 민족 정화와 민족이동의 비극을 동반했다. 오스만 제국이 지배하던 토지에는 수많은 민족이 섞여 살고 있었다. 그러나 제1차 세계대전부터 터키 독립전쟁에 걸친 시기에, 그리고 전쟁 종결 후 국경선이 획정됨에 따라 아르메니아인의 강제 이주나 터키인과 그리스인의 주민 교환을 통해 수많은 난민이 발생했고 전쟁과 학살로 많은 사람이 목숨을 잃었다. '사이크스-피코 협정의 거부'를 외치며 근대 국경을 부정하면 이런 대혼란과 민족 정화가 재현될 수도 있다.

나세르의 쿠데타와 민족주의

아랍 각국에서 식민주의에 대항하는 민족주의가 고양된 시기를 대표하는 사건이 1952년에 이집트의 가말 압델 나세르Gamal Abdel Nasser(1918~1970년) 중령이 주도한 자유장교 단의 쿠데타다. 나세르의 쿠데타는 왕정을 타도하고 실질적 으로 지배해온 영국군을 몰아내는 결과를 가져왔다. 그리고 아랍 세계 전체에 민족주의와 반식민지주의의 이념과 운동 을 전파해, 군 장교·민족주의 정당의 신흥 엘리트가 주도하 는 쿠데타와 혁명을 연쇄시켰다. 직접적인 발단은 1948년 의 이스라엘 독립과 이를 저지하려 한 아랍 국가들의 군사 적 패배였다.

그러나 이 시기에 성립한 공화제 국가들은 혁명의 이상을 내걸었지만 독재·장기 정권이 되어 부패해갔고 시리아와 이 라크, 리비아, 이집트, 예멘 등에서는 군과 지배 정당의 지도 자가 세습을 하거나 준비하기에 이르렀다. 2011년의 '아랍의 봄'은 그런 허울뿐인 공화제 국가의 지도층 지배를 근본부터 뒤흔들었다. 그리고 튀니지와 이집트, 리비아, 예멘 같은 공 화제 국가에서는 정권이 물러나게 되었다.

이란 혁명과 이슬람주의

1979년 2월에 이란에서 이슬람 혁명이 일어나 왕정이 타도되었다. 다른 아랍 국가에서도 이슬람주의 운동이 활발해졌고, 그중 일부는 무력 투쟁을 통한 체제 타도를 지향하게 된다. 이제는 잊힌 사건이 되었지만, 이해 11월에는 과격파가 사우디아라비아의 메카에 있는 대모스크를 점거했다가 무력으로 진압되는 사건이 일어났다.

1979년 말에는 소련이 아프가니스탄을 침공했다. 아프가니스탄에서 '무신론자 침략군'과 싸우는 지하드에 참가하는 것은 신앙인의 의무라고 선전되었고, 이에 따라 세계에서 의용병이 모여들었다. 이 중에는 빈 라덴 등 훗날 글로벌 지하드 운동의 중추를 이루는 인물이 다수 포함되어 있었다.

이 시기에는 근현대의 지하드주의가 처음으로 고양되었다고 할 수 있다. 1981년에는 이집트에서 안와르 엘 사다트Anwar El Sadat(1918~1981년) 대통령이 지하드단에 암살당했다. 이 사건에 연루되었던 아이만 알자와히리는 출옥 후 아프가니스탄으로 건너가 빈 라덴과 알카에다를 결성하고 세계 각지에서 무장투쟁을 벌여나갔다. 이슬람국가도 그 흐름을 이어받았다. 게다가 알카에다가 꿈꾸었지만 이루지 못한 영역 지배를 이라크와 시리아의 주변 영역에서 확립하고 있다.

걸프전과 미국 패권

미국이 주도하는 다국적군은 걸프전을 통해 쿠웨이트에서 이라크를 몰아냈다. 1990년에 이라크가 쿠웨이트를 침공·합병함으로써 사우디아라비아를 비롯한 아라비아 반도의 산유국들을 위협한 것이 그 계기였다.

　이에 따라 미국의 일극 지배를 통한 패권 질서가 중동에 정착했다. 이때부터 알카에다로 대표되는 이슬람주의 운동의 과격파들은 미국을 이슬람교의 이념에 따른 세계 질서의 부활을 저해하는 최종적인 적으로 간주하고 무력을 통한 지하드를 국제적으로 전개해나간다. 현재의 이슬람국가는 이 운동의 결과라고 할 수 있다.

9·11 테러 사건과 테러와의 전쟁

알카에다는 9·11 테러 사건을 통해 미국의 중추인 뉴욕과 워싱턴을 공격했다. 이에 미국의 부시 정권은 세계 각지에서 '테러와의 전쟁'을 벌였다. 부시 정권은 알카에다에 활동 장소를 마련해준 아프가니스탄의 탈레반 정권을 무너뜨린 데

이어 2003년에는 글로벌 지하드 운동과 직접적인 관련이 없는 이라크 후세인 정권의 타도에 나섰다.

세계적인 '테러와의 전쟁'으로 각지의 거점을 파괴당한 알카에다는 후세인 정권 붕괴 이후 이라크에서 활발해진 반미·반정권 무장투쟁을 통해 되살아났으며, '타우히드와 지하드단', '이라크의 알카에다' 등을 거쳐 2006년에 '이라크·이슬람국가'를 자칭하게 된다. 이라크에서의 반미·반정부 지하드는 '이교도'나 '의롭지 못한 지배자'와 싸우는 기존의 지하드론에 시아파가 주체인 이라크 중앙정부와의 투쟁 속에서 수니파의 교리 해석을 바탕으로 시아파를 배교자로 단정하고 지하드의 대상으로 삼는 종파주의 요소가 추가되었다.

지도자인 자르카위는 2006년 미군에 살해되었지만, '알카에다 2.0'이라고도 부르는 신세대가 주체인 이 집단은 2020년까지 세계적 규모의 칼리프제 이슬람 국가를 수립할 계획을 구상하고 있었다. 이 구상에서는 2010년경부터 아랍 각국에서 정권이 연달아 붕괴될 것으로 예측했다.(자세한 내용은 제3장 참조)

'아랍의 봄'과 이슬람국가의 대두

이와 같은 과정을 거쳐, 2010년 말의 튀니지 반정부 시위에서 시작된 '아랍의 봄'을 계기로 2011년 이후 연쇄적으로 발생한 각국 정권의 붕괴와 동요는 '이라크·이슬람국가' 구상의 위상과 신빙성을 높이는 동시에 그들이 활동할 공간을 열어주었다. 각지에서 중앙정부의 지배가 느슨해져 무질서한 영역이 확대되고 무기·무장 집단이 확산됨에 따라 글로벌 지하드 세력은 토착 민병 집단이나 반정부 무장 집단과 동맹·제휴했으며, 일부는 영역 지배를 확립하기에 이르렀다.

이렇게 보면 이라크와 시리아에서의 이슬람국가의 성장을 축으로 정세가 급변한 2014년은 과거의 여러 '분수령'에서 탄생한 것들이 쌓여서 현실화된 새로운 '분수령'이라고 생각할 수 있다.

'1914년'은 아랍 세계에 민족과 종교로 분단된 복수의 국가를 남겼다. 이것을 뛰어넘겠다는 이슬람국가는 '1952년'과 '1979년'에 내걸렸던 이데올로기의 단편斷片을 표방하지만 독재와 압정, 종교적 과격주의·원리주의 같은 그 시기에 성장한 세력의 어두운 측면을 이어받아 더욱 강화시켰다. 그리고 '1991년'에 확립된 미국 중심의 중동 질서에 도전한 '2001년'

이후 미군의 추격을 받아 세계로 확산된 과격 사상과 조직이 미국 패권의 약화와 '2011년'의 '아랍의 봄'을 계기로 이라크와 시리아 땅에서 이슬람국가라는 형태로 활동할 공간을 발견했다. 이것이 '2014년'이라는 새로운 분수령이다.

이슬람국가는 중동 근대사의 변동기마다 강경하게 발신되어온 반식민지주의와 민족주의, 종교 원리주의 같은 이데올로기를 실천함으로써 그 어두운 측면과 한계, 그리고 위험성을 명백히 보여주었다. 아랍 민족주의나 '이슬람 부흥' 같은 이데올로기적 틀 안에서만 논의되어온 일본의 중동론도 이슬람국가의 현실을 직시하고 재고되어야 하지 않을까?

'2014년'은 과거의 변동기에 해결되지 않았던 문제들이 분출하자 과거의 부족했던 노력에 대한 결과와 부정적인 요소를 청산하고자 그 자체가 새로운 문제를 일으킬 것이 분명한 해결책을 시도한, 구조 변동의 불협화음이 표면화된 해라고 할 수 있다. 이해에 등장한 이슬람국가는 당사자나 공감하는 자들의 눈에 증상을 한번에 해결해줄 '꿈의 요법'으로 보이겠지만, 실제로는 중동이 안고 있는 문제의 '증상'이다. 중동·이슬람 세계의 근대화의 결과인 동시에 그 불완전함의 발로이며, 이를 극복하려 하는 어려운 시도라는 측면을 겸비하고 있다. 그 시도 중 대부분은 성공적으로 끝나지 못할 것이며 또

228

다른 혼란을 불러일으키겠지만, 이 또한 불가항력적·불가역적인 변화일 것이다.

이슬람국가가 문제의 해결책이 될 수는 없다. 지역 질서의 재편도 해결책이나 종착점은 보이지 않고 있으며, 통일된 지도자도 나타나지 않고 있다.

이슬람국가는 앞으로 확대될 것인가

'이슬람국가'라는 충격은 중동의 국제 질서의 미래에 어떤 영향을 끼칠까?

이슬람국가의 앞날을 예측하자면, 이들이 그대로 영역을 확대시켜 대제국이 될 것이라고는 현실적으로 생각하기 어렵다. 이슬람국가의 급속한 확대는, 이라크의 경우 이전부터 현 체제에 강하게 반발해온 수니파 주체의 4개 현, 시리아의 경우 아사드 정권이 통치하지 못하게 되어 반체제 세력이 할거하는 북부와 북동부로 한정되어 있다. 이 범위를 넘어서 영역 지배를 확대하기에는 한계가 있다. 이 범위를 넘어 이라크에서 시아파가 다수를 차지하는 남부나 여러 민족·종파가 뒤섞여 있는 수도, 쿠르드인이 다수파인 북부 지역을 지배하기는 어려울 것이다. 마찬가지로 이슬람국가가 시리아에서 아사드 정권을 대신하리라고도 생각하기 어렵다.

그렇다고 이슬람국가를 소멸시키기도 어려울 것이다. 바그다드 주변이나 쿠르드 자치정부의 세력권에서 테러를 계속하며 국가를 위협하는 존재로 남을 것이라는 점도 염두에 두어야 한다. 또 시리아에서 아사드 정권의 주민 살해가 계속되는 한 '의롭지 못한 지배자에 대한 지하드'는 정당화될 것이다.

이와 마찬가지로 터키와 요르단, 레바논 등지에서 과격파 조직의 활동이 표면화될 수 있으며, 그들이 국지적으로 이슬람국가를 자칭할 수도 있다. 그러나 그런 나라들이 이라크와 시리아 수준의 혼란에 빠지고 주민들이 중앙정부로부터 완전히 등을 돌리는 사태가 벌어지지 않는 한 영역 지배는 불가능할 것이며, 이라크와 시리아의 이슬람국가와 연결되는 지배 영역을 구성하기도 어려울 것이다.

먼 지역에서의 호응과 연쇄적인 국가 분열

오히려 일어날 가능성이 높은 것은 멀리 떨어진 지역에서 활동하는, 직접적인 관련이 없는 조직의 합류 표명이다. 국가권력에 대한 테러를 상투적인 수단으로 삼아온 기존의 지하드주의와 달리 먼저 영역 지배의 범위를 확보하고 그곳에서 국가 수립을 선언한 뒤 권력 행사에 내실을 다지려 하는 이슬람국가의 논리는 각국의 조직을 자극하고 있다. 이에 따라 칼리프 국가 또는 아미르 국가 같은 형태의 영역 국가 선언을 모방 또는 동조해서 행하는 움직임이 확산될 수 있다.

이슬람국가는 기존 아랍 세계의 국가와 국경이 불완전함을 노출시켰는데, 이것이 아랍 민족의 통일국가 수립이나 이슬람교도의 단결을 통한 제국의 부활을 가져올 가능성은 낮다. 오히려 분열을 더욱 촉진해 제1차 세계대전 직후에 일어난 전란을 재현할 가능성이 있다.

특히 쿠르드 문제는 심각하다. 이라크에서는 국가의 틀이 붕괴될 것이라고 예측한 쿠르드인들에게 독립의 기운을 자극했다. 시리아의 코바니에서는 이슬람국가의 공격에 대항하는 쿠르드 민병 집단이 '자유의 전사'로 주목받았다. 여기에 이라크와 터키에서 쿠르드인으로 구성된 민병 집단이 계속해서 모여든다면 기존의 근대국가 붕괴를 이웃나라에도 연쇄시키게 될 것이다.

미국 패권의 약화

이슬람국가가 대두한 배경에는 중동 지역에 대한 미국의 일극 패권 구조의 약화도 한몫했다. 그리고 이슬람국가의 대두는 패권의 약화를 더욱 가속시킬 수 있다.

미국은 부시 정권 시대에 시작된 아프가니스탄과 이라크에서의 대규모 전쟁을 종결시킬 것을 사명으로 탄생한 오바마 정권 아래서 중동에 대한 관여도를 저하시켰다. 이것을 강하게 인식시킨 것이 2013년의 시리아 화학무기 문제를 둘러싼 태도 급선회다. 이를 통해 미국의 중동에 대한 개입 의사와 능력의 저하, 그리고 관여를 줄이려 하는 국민적 의사를 반영한 오바마 대통령의 소극적인 입장이 명확히 드러났다. 투자와 기술, 교육 같은 분야까지 포함하면 미국을 대신할 초강대국은 등장하지 않았지만, 동맹국의 정권이 미국에 보내는 신뢰가 흔들리고 반미 국가들이 미국의 의향을 두려워하는 정도가 낮아졌다는 의미에서는 미국의 패권이 약화되고 있다고 할 수 있다.

이것이 오바마 정권의 일시적인 현상이 아니라 장기간 지속되는 추세라면 미국의 억지력 아래서 안전보장을 확보해 온 중동의 동맹국은 앞으로 독자적인 행동에 나설 수 있다. 예를 들어 이스라엘은 이란의 핵 개발을 미국이 저지할 의사가 없다고 판단해 위기감을 높이고 사우디아라비아는 이란의 입김이 들어간 세력의 성장을 저지하기 위해 각지의 무장세력에 대한 지원을 강화하는 등 지역의 분쟁과 대립 구도가 복잡해질 것이다.

그 영향은 중동 지역에 그치지 않는다. 에너지 안정 보장의 근간을 중동의 원유·천연가스에 의존하고 수에즈 운하의 안전 통항을 전제로 경제가 유지되고 있는 일본은 직접 에너지와 해상보급로의 안전을 확보해야 한다. 미국에서 중동의 중요성이 낮아지더라도 일본에서 중동의 중요성은 낮아지지 않는다. 이라크·시리아 문제의 전개와 그것이 중동을 둘러싼 국제 질서를 어떻게 변화시킬 것인가는 일본에 사활이 달린 문제다.

일본을 비롯해 미국과의 동맹 관계를 통해 안전보장을 확보하고 있는 세계 각국이 미국의 억지력과 신뢰성에 의문을 품어 독자적인 행동을 시작하고, 한편으로 각 지역의 대국이나 반미 국가들을 견제할 수 없게 되면 각지에서 긴장이 높아져 군비 확장 경쟁이나 돌발적인 충돌이 증가할 것이다. 그리고 긴장의 고조가 미국의 대응력을 압박하면 패권의 쇠퇴는 가속화된다. 중동에서 발을 빼려고 하는 오바마 정권의 정책은 전 세계에 중대한 결과로 이어질 수 있다.

미국의 패권은 회복될 수 있을까? 이슬람국가에 대한 대응은 그 시금석이라고 할 수 있다.

2014년 5월 28일 오바마 대통령은 웨스트포인트 육군사관학교에서 연설을 하면서 외교·안전보장 전략의 기본적인 입장을 밝혔다. 이 연설에서 오바마 대통령은 테러를 최대 위협으로 인정하면서도 미국에 직접적인 영향을 끼치는 않는 한 군사행동을 최소화하고 동맹국의 대처 능력을 향상시켜 정치적 해결을 중시하겠다는 원칙을 표명했다. 그리고 6월에 이슬람국가가 대두함에 따라 이른바 '오바마 독트린'의 실효성은 곧바로 실험대에 올랐다. 6월 19일 발표한 이라크 대책방침에서는 직접 전투를 하지 않는 군사고문단을 파견해 이라크 정부군을 훈련시키는 동시에 거국일치 정권의 수립을 통해 대처하라고 이라크에 요청했다.

오바마 대통령은 공적인 발언을 통해 이슬람국가의 성장을 미국에 대한 '중·장기적' 위협으로 엄밀히 정의했다. 즉 미국에 '단기적·직접적'인 위협은 아니라는 인식이며, 이 인식이 바뀌지 않는 한 군사행동은 매우 제한적일 것이다.

그런데 미국이 군사적인 지원을 주저하면 이라크 정권은 이란과의 동맹 관계를 한층 강화해나갈 것이다. 오바마 정권의 이론적으로는 치밀하게 짜인 대책은 단순히 미국의 영향력 저하를 초래해 중동 지역에서 이란의 패권 확립을 허용하는 결과로 끝날지도 모른다.

미국의 동맹국인 사우디아라비아와 터키는 이슬람국가를 직접 지원하진 않지만 수니파 주민의 불만에는 공감하고 있다. 만약 미국이 이라크의 중앙정부에 대한 지원을 통해 이란의 세력권 확대를 용인하고 있다고 받아들인다면 위협 인식과 반발이 강해져 종파 분쟁을 각지에서 야기하는 형태로 이란과의 패권 경쟁을 격화시킬 것이다. 그럴 경우 이라크와 시리아, 레바논에 걸친 지역에서 중앙정부로부터의 이탈과 불안정화가 촉진된다. 안전을 유지해온 요르단과 사우디아라비아에도 인접 지역의 불안정화가 파급될 수 있다.

이라크와 시리아의 국가·국경의 유명무실화가 진행되면 이라크의 쿠르드 세력은 군사적으로 최대한의 영역을 확보한 뒤 독립을 꾀할 것이다. 이에 따라 제1차 세계대전이 종결된 이후 중동에서 일어났던 국경의 재획정 움직임이 확산되어 질서가 흔들릴 수 있다.

지역 대국의 영향력

각국 중앙정부가 약체화되고 지역 밖의 초강대국이 확립했던 패권 질서가 느슨해지면서 비국가 주체인 이슬람국가나 그 밖의 민병 집단이 사실상 일정한 범위를 영역 지배해 혼란이 깊어지고 있는 현재, 사태를 수습할 잠재적 능력을 지닌 존재는 중동 내의 지역 대국뿐이다. 중동의 지역 대국은 먼저 이란과 터키이며, 이어서 사우디아라비아와 이집트가 후보에 오를 것이다. 지역 대국이 각자의 세력권을 확장해 이라크나 시리아의 분쟁을 진정시키는 것이 남은 선택지일지도 모른다.

이란은 이미 자금·무기 원조나 시아파 민병의 투입을 통해 이라크와 시리아, 레바논에서 시아파 주도 정권과 민병 조직을 지원하며 영향력을 행사하고 있다.

터키는 1991년의 걸프전 당시 미국이 주도한 이라크 북부의 비행금지구역 설정에 협력하고 사담 후세인 정권의 통치에서 벗어난 이라크 북부 쿠르드인 지역에 시장·통상 네트워크와 에너지 수송로를 확보함으로써 이 지역을 실질적인 경제 세력권에 두었다. 터키는 시리아 북부에도 비행금지구역을 설정해 '안전지대'로 삼을 것을 주장하고 있는데, 이것이 실현되면 시리아 북부에도 터키의 세력권이 성립될 수 있다.

사우디아라비아도 미국의 시리아 공습에 동참함으로써 지역 대국으로서 지역의 안전보장에 역할을 담당하는 자세를 보이고, 걸프협력회의GCC뿐만 아니라 요르단과 모로코를 포함한 군주제 국가의 단결을 주도하며 지역 국제 질서의 주축이 되려 하고 있다.

이집트는 무바라크 정권의 붕괴 이후 지역 국제정치에서 존재감이 약해졌지만, 리비아의 분쟁에서는 칼리파 하프타르Khalifa Haftar 장군을 도와 이슬람주의 세력과 대항하며 배후에서 이집트형 군 주도 통치체제의 수립을 지원하는 자세를 취하고 있다. 이집트도 리비아 동부 또는 전체로 영향력을 확장할 의향을 내비치기 시작했다고 할 수 있다.

'아랍의 봄' 이후 지역 질서의 재편 방향을 결정할 지역 외 대국의 지도력이 불명확해졌다. 여기에 각국의 체제 불안정화와 지역 대국의 독자적인 외교·안전보장상의 주장이 겹치면서 중동에 지정학적 변화가 일어나고 있다. 새로운 질서의 겨냥도를 그리고 방향을 결정할 주체가 각국의 국내에도 국제적으로도 존재하지 않기 때문에 혼란의 장기화는 피할 수 없다. 단기적으로 보면 지역 대국의 세력권 확대는 지역적인 패권 경쟁의 격화와 대국 사이의 경쟁으로 이어져 오히려 분쟁을 격화시킬 수 있다. 당분간은 문제의 해결책이라기보다 문제의 일부일 것이다.

과연 내전이나 교섭 끝에 어떤 종착점에 다다를 것인가? 한편 이라크와 시리아의 혼란은 터키를 포함한 영역에서의 쿠르드 민족운동과 독립운동을 재활성화시킬 수 있다. 또 각국의 내전이나 분열을 막으려 하는 지역 대국의 영향력 행사로 각각의 장소에서 일정한 질서가 형성될 것이다. 미국은 지역local 세력과 광역regional의 움직임을 조화시켜 새로운 지역 질서로 통합해나가는 지도력을 발휘할 것인가? 또는 이대로 중동에서의 지도력 저하를 용인할 것인가? 이슬람국가의 출현으로 중동 지역의 질서는 급속히 변화하고 있다.

■ 맺음말

이슬람국가가 대두하면서 나는 오랫동안 연구해온 두 가지 분야가 하나로 융합되는 희귀한 순간을 목격하게 되었다.

한 분야는 이슬람 정치사상사다. 특히 지하드주의가 국제적으로 전개되고 9·11 테러 사건 이후 분산형·비집권적 네트워크 조직 구조로 재편되는 과정을 추적해왔다.

다른 분야는 중동의 비교정치학과 국제관계론이다. 2011년의 '아랍의 봄'이 아랍 각국에 공통된 사회 변동을 가져오면서 체제 변동은 다양하게 분기되어갔다. 그 과정과 요인을 밝히는 것이 최근의 가장 큰 관심사였다.

두 분야의 연구 방법과 시점을 아우르며 사상과 정치 양쪽을 모두 연구해온 이유는 양자 사이에 상호 연관성이 있다고 생각했기 때문인데, 이슬람국가는 실제로 이 양자의 상호 연관성을 체현한 존재다.

이슬람 정치사상사에서 해석해온 글로벌 지하드의 변화 과정과 중동의 비교정치학이 대상으로 삼는 중동 각국·국제 질서의 변동이 뒤섞여 격렬하게 불꽃을 일으켰다. 이것이 바로 '이슬람국가'라는 현상이다.

나는 '아랍의 봄' 이후 중동 정치의 변동을 연구한 비교정치학·국제관계론의 성과와, 글로벌 지하드의 사상과 역사의 전개에 관한 이슬람 정치사상사의 서술을 각각 한 권의 책에 정리하기 위해 수년 동안 준비해왔다. 그리고 양쪽 모두 완성 일보 직전인 상태다. 이 책을 읽고 이들 주제에 관심을 갖고 있는 독자 여러분을 위해 앞으로 조금만 더 노력해서 가까운 시일 내에 그 책들을 내놓고 싶다.

이슬람국가의 성립과 발전을 역사적으로, 그리고 구조적으로 해명하는 것은 이슬람 정치사상사와 중동의 비교정치학에 걸맞은 과제이며 또한 중대한 도전이다. 2014년 중반부터, 특히 10월 이후 일본에서 이 문제에 대한 관심이 급속히 높아진 시기에 책으로 정리해놓는다면 유익하지 않을까 하는 생각에서 급히 펜을 들었다. 분게이슌주文藝春秋의 이쿠보 시게유키飯窪成幸 씨와 니시 다이시西泰志 씨는 이런 나의 비상식적인 긴급 출판 일정을 받아들이고 전면적으로 지원해주

셨다.

글로벌 지하드의 사상과 조직론에 관해서는 2013년에 일련의 논문을 발표했다. 2014년 6월의 모술 점령 직후부터는 일반인을 대상으로 한 해설과 강연을 다수 의뢰받고 수많은 매체에 글을 기고했으며 여러 장소에 나가 이야기해왔다. 그래서 이런 원고들을 정리하면 단기간에 책을 완성할 수 있을 것이라고 안이하게 생각하기도 했다.

그러나 실제로 집필을 진행해보니 단순히 이미 발표한 논문이나 분석을 연결하면 끝이 아니라 전제와 틀부터 근본적으로 다시 생각해야 함을 깨닫는 상황에 수없이 직면했다. 그럼에도 이렇게 집필을 끝마칠 수 있었던 것은 적어도 과거 10년간에 걸쳐 두 가지 시점에서 중동의 변화를 지켜보고 글을 써온 덕분이라고 생각한다. 그런 기회를 준 모든 분에게 감사의 말을 전하고 싶다.

신서라는 매체의 성격상 자세한 주석을 달고 문장을 인용할 수는 없었다. 현재의 문제를 다루고 있기 때문에 언급하는 각각의 사건은 실시간으로 전 세계에 보도되고 데이터베이스에 수록되어 널리 알려진 사실이 되고 있다. 영문 인터넷 공간에 펼쳐진 방대한 공지의 사실은 그것을 적절히 비교 대조해 논의하는 전문가 집단을 중심으로 한 성숙한 시민사회에 공유될 때 의미를 지닌다. 그런데 과연 일본에 그런 시민사회가 있을까? 일본에는 일반론의 수준에서는 세계 각지의 정세나 문화에 관심을 갖는, 호기심이 왕성한 중간층이 세계의 어느 나라와 비교해도 많다고 생각한다. 신서의 독자는 바로 그러한 계층일 것이다. 다만 일반론을 넘어서 전문가의 자유롭고 다원적인 논의를 거친 공통의 지식이 안정적이고 조직적으로 형성되어 공적인 판단과 의사 결정에 적절히 활용되는 시스템은 아직 기술 발전을 통해 성립된 새로운 정보공간에 걸맞은 형태로는 갖춰지지 않은 듯하다.

그런 의미에서 나는 이 책을 통해 일본의 두터운 일반 독자층과 중동을 포함한 영어권의 전문가 공동체에서 배양된 세계적인 공지公知의 공간을 연결하려고도 했다.

이 책의 끝부분에 수록된 '참고문헌' 목록에는 각 장의 바탕이 된 나의 논문과 논고를 열거했다. 또 주제별로 기본적이고 대표적인 문헌을 표기해 독자 여러분이 길잡이로 삼을 수 있을 것이다. 그러나 이 책의 세계관과 인식은 그 외에도 수많은 서적과 기사를 참조하며 구축되었다. 이 책에서 제시한 이슬람국가에 대한 이해는 나 개인의 독자적인 것이지만, 영어와 아라비아어 등의 무수한 정보원情報源과 선행 문헌에서 공유되고 있는 전문 지식의 체계에 의거했다. 그런 전문 지식의 공간을 향해 열린 창을 원하는 독자는 내가 개인적으로 개설한 블로그 '중동·이슬람학의 풍자화전風姿花伝'(http://chutoislam.blog.fc2.com/)을 참조하기 바란다. 이 책의 '애프터서비스'라고도 할 수 있는 관련 정보와 해설이 실려 있을지도 모른다.

■ 참고문헌

1 충격, 이슬람국가

이케우치 사토시, 「근대 지하드론의 계보학(近代ジハード論の系譜学)」, 일본국제
　　정치학회 편저, 《국제정치(国際政治)》제175호, 유히카쿠(有斐閣), 2014년 4월,
　　115~129쪽.

이케우치 사토시, 「'이라크·샴 이슬람국가ISIS'는 이라크 국가를 붕괴시킬 것인가
　　(『イラクとシャームのイスラーム国家ISIS』はイラク国家を崩壊させるか)」, 《포사이트
　　(フォーサイト)》, 2014년 6월 13일.

이케우치 사토시, 「ISIS의 '칼리프제' 국가는 짧은 꿈으로 끝나는가(ISISの『カリフ制』
　　国家は短い夢に終わるか)」, 《포사이트》, 2014년 6월 30일.

이케우치 사토시, 「이라크 모술에 '칼리프'가 모습을 드러내다(イラク・モースルに
　　『カリフ』が姿を現す)」, 《포사이트》, 2014년 7월 6일.

이케우치 사토시, 「올해 라마단 드라마의 최고작은 '실사판 칼리프제 이슬람 국가의
　　부활'」, 블로그 '중동·이슬람학의 풍자화전', 2014년 7월 6일(http://chutoislam.
　　blog.fc2.com/blog-entry-153.html).

알마와르디, 『통치의 규칙들』, 유카와 다케시(湯川武) 옮김, 게이오기주쿠대학출판
　　회, 2006년.

Reza Pankhurst, 『The Inevitable Caliphate?: A History of the Struggle for
　　Global Islamic Union, 1924 to the Present』, Hurst, 2013.

244

Loretta Napoleoni, 『The Islamist Phoenix: The Islamic State and the Redrawing of the Middle East』, Seven Stories Press, 2014[로레타 나폴리오니, 『이슬람국가 – 테러리스트가 국가를 만들 때(イスラム国 – テロリストが国家をつくる時)』, 무라이 아키코(村井章子) 옮김, 분게이슌주(文藝春秋), 2015년].

Richard Barret, 「The Islamic State」, The Soufan Group, 2014.

「Battle for Iraq and Syria in Maps」, 《BBC News》, 3 December 2014.

「Sunni Rebels Declare New 'Islamic Caliphate': Armed Group ISIL Changes Name to Islamic State, and Says its Empire Extends from Diyala in Iraq to Syria's Aleppo」, 《Al-Jazeera English》, 30 June 2014.

2 이슬람국가의 변화

이케우치 사토시, 「글로벌 지하드의 변화(グローバル・ジハードの変容)」, 《연보정치학(年報政治学)》 2013년 제1호, 일본정치학회, 2013년 7월, 189~214쪽.

이케우치 사토시, 「론 울프(외톨이 늑대)형 지하드의 사상・이론적 배경(一匹狼(ローン・ウルフ)型ジハードの思想・理論的背景)」, 《경찰학론집(警察学論集)》 제66권 제12호, 다치바나쇼보(立花書房), 2013년 12월, 88~115쪽.

이케우치 사토시, 「'지도자 없는 지하드'의 전략과 조직(『指導者なきジハード』の戦略と組織)」, 《전략 연구(戦略研究)》 제14호, 전략연구학회, 2014년 3월 20일, 19~36쪽.

이케우치 사토시, 「'알카에다 3.0' 세대와 변화하는 글로벌 지하드(『アル=カーイダ3.0』世代と変わるグローバル・ジハード)」, 《웨지(ウエッジ)》 2014년 11월호, 10~13쪽.

이케우치 사토시, 「이슬람국가와 글로벌 지하드(『イスラーム国』とグローバル・ジハード)」, 『분게이슌주 오피니언 – 2015년의 논점 100(文藝春秋オピニオン – 2015年の論点100)』, 2014년, 216~218쪽.

마쓰모토 미쓰히로(松本光弘), 「글로벌 지하드의 모습(グローバル・ジハードの姿)」(상)(중)(하), 《경찰학론집》 제60권 제11호, 다치바나쇼보, 2007년 11월・제61권 제1호, 2008년 1월・제61권 제2호, 2008년 2월.

마쓰모토 미쓰히로, 『글로벌 지하드(グローバル・ジハード)』, 고단샤(講談社), 2008년.

Fawaz A. Gerges, 『The Rise and Fall of Al-Qaeda』, Oxford University Press,

2011.

Ahmed Rashid, 『Taliban: Militant Islam, Oil and Fundamentalism in Central Asia』(2nd ed.), Yale University Press, 2010.

Abdul Salam Zaeef, 『My Life with the Taliban』, Columbia University Press, 2010.

(미국의 테러와의 전쟁)

Richard A. Clarke, 『Against All Enemies: Inside America's War on Terror』, Free Press, 2004.

Gary Bernsten and Ralph Pezzullo, 『Jawbreaker: The Attack on Bin Laden and Al-Qaeda: A Personal Account by the CIA's Key Field Commander』, Three Rivers Press, 2005.

Chris Mackey and Geg Miller, 『The Interrogators: Task Force 500 and America's Secret War Against Al Qaeda』, Back Bay Books, 2005.

Gary C. Schroen, 『First In: An Insider's Account of How the CIA Spearheaded the War on Terror in Afghanistan』, Presidio Press/Ballantine Books, 2005.

David Kilcullen, 『The Accidental Guerrilla: Fighting Small Wars in the Midst of a Big One』, Oxford University Press, 2009.

David Tucker and Christopher J. Lamb, 『United States Special Operations Forces』, Columbia University Press, 2007.

Seth G. Jones, 『In the Graveyard of Empires: America's War in Afghanistan』, W. W. Norton, 2009.

Seth G. Jones, 『Hunting in the Shadows: The Pursuit of Al Qa'ida Since 9/11』, W. W. Norton, 2012.

Mark Owen and Kevin Maurer, 『No Easy Day: The Autobiography of a Navy SEAL: The Firsthand Account of the Mission that Killed Osama Bin Laden』, Dutton, 2012.

David E. Sanger, 『Confront and Conceal: Obama's Secret Wars and Surprising Use of American Power』, Crown Publishers, 2012.

Peter L. Bergen, 『Manhunt: The Ten-Year Search for Bin Laden from 9/11 to

Abbottabad』, Crown, 2012.

구로이 분타로(黒井文太郎), 『빈 라덴 살해 지령(ビンラディン抹殺指令)』, 요센샤(洋泉社), 2011년.

Jane Mayer, 「Outsourcing Torture: The Secret History of America's 'Extraordinary Rendition' Program」, 《The New Yorker》, February 14, 2005.

Stephen Grey, 『Ghost Plane: The True Story of the CIA Torture Program』, St. Martin's, 2006.

「Globalizing Torture: CIA Secret Detention and Extraordinary Rendition」, Open Society Foundation, 2013.

Michael Scheuer, 『Imperial Hubris: Why the West Is Losing the War on Terror』, Potomac Books, 2007.

(탈레반의 부활)

Antonio Giustozzi, 『Koran, Kalashnikov and Laptop: The Neo-Taliban Insurgency in Afghanistan』, Columbia University Press, 2008.

James F. Dobbins, 『After the Taliban: Nation-Building in Afghanistan』, Potomac Books, 2008.

Ahmed Rashid, 『Descent into Chaos: The U. S. and the Disaster in Pakistan, Afghanistan, and Central Asia』, Penguin, 2009.

(파키스탄에서의 거점 재형성)

Mariam Abou Zahab and Olivier Roy, 『Islamist Networks: The Afghan-Pakistan Connection』, Hurst, 2002.

Imtiaz Gul, 『The Most Dangerous Place: Pakistan's Lawless Frontier』, Penguin, 2009.

(알카에다의 프랜차이즈화)

Abdel Bari Atwan, 『The Secret History of al-Qa'ida』, Saqi, 2006.

Abdel Bari Atwan, 『After Bin Laden: Al-Qa'ida, the Next Generation』, The New Press, 2012.

Thomas Hegghammer, 『Jihad in Saudi Arabia: Violence and Pan-Islamism since 1979』, Cambridge University Press, 2010.

Gregory D. Johnsen, 『The Last Refuge: Yemen, Al-Qaeda, and America's War in Arabia』, W. W. Norton, 2013.

(인터넷 지하드)

호사카 슈지(保坂修司), 『사이버 이슬람(サイバー・イスラーム)』, 야마카와 출판사(山川出版社), 2014년.

Gary R. Bunt, 『Islam in the Digital Age: E-Jihad, online Fatwas and Cyber Islamic Environments』, Pluto Press, 2003.

(론 울프형 테러리즘)

Olivier Roy, 『Globalized Islam: The Search For a New Ummah』, Columbia University Press, 2004.

Gilles Kepel and Jean-Pierre Milelli, translated by Pascale Ghazaleh, 『Al Qaeda in its Own Words』, The Belknap Press of Harvard University Press, 2008.

Brynjar Lia, 『Architect of Global Jihad: The Life of Al-Qaeda Strategist Abu Mus'ab Al-Suri』, Oxford University Press, 2009.

Devin R. Springer, James L. Regens, and David N. Edger, 『Islamic Radicalism and Global Jihad』, Georgetown University Press, 2009.

Michael W. S. Ryan, 『Decoding Al-Qaeda's Strategy: The Deep Battle Against America』, Columbia University Press, 2013.

Marc Sageman, 『Leaderless Jihad: Terror Networks in the Twenty-First Century』, University of Pennsylvania Press, 2008.

Bruce Hoffman, 『Inside Terrorism』, Columbia University Press, 2006 (revised and expanded edition).

Bruce Hoffman, 「The Myth of Grass-Roots Terrorism」, 《Foreign Affairs》, May/June 2008.

Bruce Hoffman and Fernando Reinares ed., 『The Evolution of the Global Terrorist Threat: From 9/11 to Osama Bin Laden's Death』, Columbia University Press, 2014.

3 되살아나는 '이라크의 알카에다'

이케우치 사토시, 「인질 참수로 시험대에 오른 이라크 파병(人質斬首が問うイラク派遣)」, 《분게이슌주(文藝春秋)》 2005년 1월호[이케우치 사토시, 『이슬람 세계를 어떻게 논할 것인가(イスラーム世界の論じ方)』 주오코론신샤(中央公論新社), 2008년에 재수록].

이케우치 사토시, 「알카에다의 꿈 ─ 2020년 세계 칼리프 국가 구상(アル=カーイダの夢─2020年 世界カリフ国家構想)」, 《외교(外交)》 제23호, 외무성, 2014년 1월, 32~37쪽.

('이라크의 알카에다'의 기원)

Jean-Charles Brisard, 『Zarqawi: The New Face of Al-Qaeda』, Other Press, 2005.

(미군의 이라크 증파)

Thomas E. Ricks, 『The Gamble: General Petraeus and the Untold Story of the American Surge in Iraq』, Penguin, 2009.

Peter R. Mansoor, 『Surge: My Journey with General David Petraeus and the Remaking of the Iraq War』, Yale University Press, 2013.

(테러 문화의 형성)

Assaf Moghadam, 『The Globalization of Martyrdom: Al Qaeda, Salafi Jihad, and the Diffusion of Suicide Attacks』, Johns Hopkins University Press, 2008.

4 '아랍의 봄' 이후 개방된 전선

이케우치 사토시, 「예상 외로 주어진 정치적 기회 ─ '아랍의 봄'과 이슬람주의(予想外に与えられた政治的機会 ─ 『アラブの春』とイスラーム主義)」, 《주오코론(中央公論)》 2012년 5월호, 86~94쪽.

이케우치 사토시, 「이집트의 '혁명'과 '반혁명' ─ '7월 3일 쿠데타'의 커다란 대가(エジプトの『革命』と『反革命』─ '七月三日クーデタ'の大きな代償)》, 《주오코론》 2013년 9월호, 86~95쪽.

이케우치 사토시, 「'아랍의 봄' 이후의 이행기 과정 ─ 결과를 가르는 여러 요인(『アラ

ブの春』後の移行期過程 – 帰結を分ける諸要因)」,《중동 리뷰(中東レビュー)》Volume 1, 아시아경제연구소, 2014년 2월, 92~128쪽.

이케우치 사토시, 「중동의 지정학적 변화와 글로벌 지하드 운동 – 방아쇠를 당긴 이슬람국가(中東の地政学的変容とグローバル・ジハード運動 – 引き金を引いた『イスラム国』)」,《외교》제28호, 외무성, 2014년 11월, 22~29쪽.

이케우치 사토시, 「"그러니까 말했잖아!" – 지하드주의자의 무슬림 동포단 비판(『だから言っただろう!』 – ジハード主義者のムスリム同胞団批判)」,《아스테이온(アステイオン)》제79호, 한큐 커뮤니케이션즈(阪急コミュニケーションズ), 2013년 11월, 196~202쪽.

이케우치 사토시, 「시리아 아사드 정권의 중추에 영향을 끼친 폭발(シリア・アサド政権の中枢に及んだ爆発)」,《포사이트》, 2012년 7월 19일.

이케우치 사토시, 「알레포 공방전은 아사드 정권에 '스탈린그라드'가 될 것인가?(アレッポ攻防戦はアサド政権にとっての『スターリングラード』となるか)」,《포사이트》, 2012년 8월 10일.

이케우치 사토시, 「'아사드 이후'의 혼돈을 어떻게 피할 것인가?(『アサド後』の混沌をどう回避するか)」,《포사이트》, 2012년 12월 17일.

이케우치 사토시, 「'6·30 시위'로 다시 불붙은 이집트의 혁명(『6·30』デモで再燃したエジプトの革命)」,《포사이트》, 2013년 7월 3일.

이케우치 사토시, 「이집트 7월 3일의 쿠데타 – 빼앗긴 혁명(エジプト7月3日のクーデター – 乗っ取られた革命)」,《포사이트》, 2013년 7월 4일.

이케우치 사토시, 「이집트 '8·14 사건'을 이해하기 위한 7가지 포인트(エジプト『8·14事件』を読むための7つのポイント)」,《포사이트》, 2013년 8월 20일.

(이슬람주의 온건파의 대두와 실각)

Nathan J. Brown, 『When Victory is Not an Option: Islamist Movements in Arab Politics』, Cornell University Press, 2012.

Carrie Rosefsky Wickham, 『The Muslim Brotherhood: Evolution of an Islamist Movement』, Princeton University Press, 2013.

Shadi Hamid, 『Temptations of Power: Islamists and Illiberal Democracy in a New Middle East』, Oxford University Press, 2014.

(종파주의의 대두)

Vali Nasr, 『The Shia Revival』, W. W. Norton, 2006.

5 이라크와 시리아에 나타난 성역 – '국가'로의 길

이케우치 사토시, 「이라크의 어디에서 희망을 발견할 것인가? '신국가' 성립을 좌우
  할 키르쿠크 문제의 행방(イラクのどこに希望を見いだすのか－『新国家』成立を左右す
  る『キルクーク問題』の行方)」,《포사이트》, 2005년 12월 1일.

이케우치 사토시, 「시리아의 알카에다 계열 조직의 불온한 동향(シリアのアル＝カー
  イダ系組織の不穏な動向)」,《포사이트》, 2013년 4월 12일.

이케우치 사토시, 「'보스턴 테러'는 분산형의 새로운 '글로벌 지하드'인가?(『ボスト
  ン・テロ』は分散型の新たな『グローバル・ジハード』か?)」,《포사이트》, 2013년 4월
  25일.

이케우치 사토시, 「테러와의 전쟁의 '끝'과 '새로운 시작'(対テロ戦争の『終わり』と『新
  たな始まり』)」,《포사이트》, 2013년 6월 21일.

이케우치 사토시, 「시리아 현장의 이슬람 계열 민병 집단이 연합 조직을 결성하다
  (シリアの地場のイスラーム系諸民兵集団が連合組織を結成)」,《포사이트》, 2013년
  11월 23일.

(이라크의 정치체제와 종교·민족)

Peter W. Galbraith, 『The End of Iraq: How American Incompetence Created
  a War Without End』, Pocket Books, 2006.

Fanar Haddad, 『Sectarianism in Iraq: Antagonistic Visions of Unity』, Oxford
  University Press, 2011.

Toby Dodge, 『Iraq: From War to a New Authoritarianism』, Routledge, 2013.

Joel Rayburn, 『Iraq after America: Strongmen, Sectarians, Resistance』,
  Hoover Institution Press, 2014.

Zaid al-Ali, 『The Struggle for Iraq's Future: How Corruption, Incompetence and
  Sectarianism Have Undermined Democracy』, Yale University Press, 2014.

Emile Hokayem, 『Syria's Uprising and the Fracturing of the Levant』,
  Routledge, 2013.

6 지하드 전사의 결집

이케우치 사토시 · 야마가타 히로오(山形浩生) 대담, 「이슬람국가에 모여드는 사람들(『イスラーム国』に集まる人々)」,《코켄(公研)》 2014년 10월호(제52권 제10 · 통권 614호), 공익산업연구조사회, 36~54쪽.

(국제화되는 과격파 조직)

Guido W. Steinberg, 『German Jihad: On the Internationalization of Islamist Terrorism』, Columbia University Press, 2013.

Thomas Hegghammer, 「The Rise of Muslim Foreign Fighters: Islam and the Globalization of Jihad」,《International Security》, Vol. 35, No. 3(Winter 2010/11).

(귀환병 문제)

Daniel Byman and Jeremy Shapiro, 「Homeward Bound?: Don't Hype the Threat of Returning Jihadists」,《Foreign Affairs》, November/December 2014.

Joseph A. Carter, Shiraz Maher and Peter R. Neumann, 「#Greenbirds: Measuring Importance and Influence in Syrian Foreign Fighter Networks」, ICSR, 2014.

Mohanad Hashim, 「Iraq and Syria: Who Are the Foreign Fighters?」,《BBC News》, 3 September 2014.

「It Ain't Half Hot Here, Mum: Why and How Westerners Go to Fight in Syria and Iraq」,《The Economist》, August 30, 2014.

7 사상과 상징 - 미디어 전략

이케우치 사토시, 『현대 아랍의 사회사상 - 종말론과 이슬람주의(現代アラブの社会思想 - 終末論とイスラーム主義)』, 고단샤 현대신서, 2002년.

『성聖 쿠란 - 한아 대역 · 주해(聖クルアーン日亜対訳 · 注解)』, 미타 료이치(三田了一) 옮김, 일본무슬림협회, 1996년[개정판 제5쇄].

『일본어판 사히흐 무슬림 제3권(日訳サヒーフムスリム 第3巻)』, 이소자기 사다모토(磯崎定基) · 이모리 가스케(飯森嘉助) · 오가사와라 요시하루(小笠原良治) 옮김, 일본

252

사우디아라비아협회, 1989년.

《Dabiq》, Issues 1~5.

8 중동 질서의 행방

이케우치 사토시, 『동맹국을 찾아서 – 미국의 대중동 정책의 난점(同盟国を求めて –
米国の対中東政策の難問)』, 구보 후미아키(久保文明) 편저, 『미국에 동맹이란 무엇
인가?(アメリカにとって同盟とはなにか)』, 주오코론신샤, 2013년, 219~242쪽.

이케우치 사토시, 「이슬람국가의 충격 – 중동의 '분수령'과 칼리프제 국가의 '꿈'(『イ
スラーム国』の衝撃 – 中東の『分水嶺』とカリフ制国家の"夢")」, 《주오코론》 2014년 10월
호, 112~117쪽.

이케우치 사토시, 「중동 새 질서의 싹은 어디에 있는가? – '아랍의 봄'이 한 바퀴 돈
뒤에(中東新秩序の萌芽はどこにあるのか – 『アラブの春』が一巡した後に)」, 《중동협
력센터뉴스(中東協力センターニュース)》, 2014년 10/11월호, 46~51쪽.

이케우치 사토시, 「미국이 없어진 후의 중동에 무슨 일이 일어날 것인가?(米国なき後
の中東に何が起こる)」, 《분게이슌주》 2014년 2월호, 312~314쪽.

이케우치 사토시, 「더는 미국의 패권에 기대할 수 없다(アメリカの覇権にはもう期待で
きない)」, 《분게이슌주》 2014년 3월호, 158~166쪽.

이케우치 사토시, 「러시아에 접근할 것을 암시하며 견제하는 이집트 총리(ロシアへ
の接近をほのめかして牽制するエジプト首相)」, 《포사이트》, 2013년 8월 22일.

이케우치 사토시, 「오바마의 후퇴는 미국의 중동 패권의 약화를 촉진한다(オバマの
後戻りは米中東覇権の希薄化を促進する)」, 《포사이트》, 2013년 9월 1일.

이케우치 사토시, 「'오바마 쇼크'가 세계에 촉구하는 선택 – 시리아 문제에 대한 숙
고 1(『オバマ・ショック』が世界に迫る選択 – シリア問題への熟考 1)」, 《포사이트》,
2013년 9월 7일.

이케우치 사토시, 《'아랍 연합군' 구상으로 미국을 견제하는 사우디(『アラブ連合軍』構
想でサウジが米国を牽制)」, 《포사이트》, 2013년 9월 16일.

이케우치 사토시, 「해상협력기구 가맹을 희망하는 터키(トルコが上海協力機構に加盟
を希望)」, 《포사이트》, 2013년 11월 23일.

이케우치 사토시, 「'쿠르드 독립'을 언급한 바르자니 대통령(『クルド独立』を口にした

バルザーニー大統領)」,《포사이트》, 2014년 6월 24일.

이케우치 사토시, 「ISIS가 이라크를 침공, 중동 전체의 질서를 위협하다 – 과격파의 세력 확대로 질서의 유동화가 진행될 수 있다(ISISがイラク侵攻、中東全体の秩序脅かす – 過激派の勢力拡大で秩序の流動化が進みかねない)」,《주간 도요게이자이(週刊東洋経済)》2014년 7월 5일호, 22~23쪽.

이케우치 사토시, 「오바마의 시리아 개입 연설은 미국과 세계를 어디로 이끌 것인가?(オバマのシリア介入演説は米国と世界をどこに導くのか)」,《포사이트》, 2014년 9월 11일.

이케우치 사토시, 「민주화 좌절 – 과격파에 기세를 내주다(民主化挫折 – 過激派に勢い)」,《니혼게이자이 신문(日本経済新聞)》, 2014년 9월 12일(조간), 29면.

이케우치 사토시, 「이슬람국가 문제에 대한 터키의 입장 – '안전지대'를 설정하지 않는 이상 개입하지 않겠다(『イスラーム国』問題へのトルコの立場 – 『安全地帯』設定なくして介入なし)」,《포사이트》, 2014년 10월 17일.

KI신서 5874

그들은 왜 오렌지색 옷을 입힐까

초판 1쇄 인쇄 2015년 3월 23일
초판 1쇄 발행 2015년 3월 29일

지은이 이케우치 사토시 **옮긴이** 김정환
펴낸이 김영곤 **펴낸곳** (주)북이십일 21세기북스
부사장 이유남
해외콘텐츠개발팀 김상수 조문채 **해외기획팀** 박진희 김영희
디자인 표지 김인수 본문 디자인포름
마케팅본부장 이희정 **마케팅** 민안기 김한성 김홍선 강서영 최소라 백세희
영업본부장 안형태 **영업** 권장규 정병철 오하나
출판등록 2000년 5월 6일 제10-1965호
주소 (우 413-120) 경기도 파주시 회동길 201 (문발동)
대표전화 031-955-2100 **팩스** 031-955-2151 **이메일** book21@book21.co.kr
홈페이지 www.book21.com **블로그** b.book21.com
트위터 @21cbook **페이스북** facebook.com/21cbook

ISBN 978-89-509-5863-3 03340
책값은 뒤표지에 있습니다.